2020 年度

中国劳动教育
发展报告

ANNUAL REPORT ON THE DEVELOPMENT OF CHINA'S LABOR EDUCATION IN 2020

名誉主编／刘向兵 李 珂

主 编／曲 霞 党 印

社会科学文献出版社
SOCIAL SCIENCES ACADEMIC PRESS (CHINA)

—— 曲 霞 ——

教育学博士，中国劳动关系学院劳动教育中心副主任，副研究员。主持北京市本科教学改革创新项目、中国博士后面上基金项目等相关课题 8 项，作为核心成员深度参与了教育部《大中小学劳动教育指导纲要（试行）》的文件研制工作，在《中国高教研究》《中国高等教育》《教育学报》等核心期刊发表论文 30 余篇。

—— 党 印 ——

经济学博士，中国劳动关系学院劳动教育中心副教授，已在 *Applied Economics*、《经济研究》、《劳动教育评论》等刊物发表 30 余篇学术论文，在《中国金融》《中国教工》等刊物发表 50 余篇评论文章，在《经济学家茶座》发表近 20 篇随笔散文，主持 1 项国家社科基金课题和 1 项北京市教委课题。出版专著 1 部、合著 2 部，主编和参编各 2 本教材。

目　录

前　言

　　劳动教育是中国特色社会主义教育制度的重要内容，是新时代党对教育的新要求，是大中小学必须开展的教育活动。自 2018 年 9 月 10 日习近平总书记在全国教育大会上明确提出把劳动教育纳入社会主义建设者和接班人的总体要求后，劳动教育迅速成为备受关注的理论与实践热点。2020 年，劳动教育更是进入自上而下、系统全面推进的新时代。中共中央、国务院印发《关于全面加强新时代大中小学劳动教育的意见》（以下简称《意见》），完成了大中小学贯通、学校家庭社会协同推进新时代劳动教育的顶层设计。教育部印发《大中小学劳动教育指导纲要（试行）》，聚焦教育系统完成了劳动教育在大中小学内落地落实的系统部署。相关部委、群团组织充分发挥各自职能优势，陆续印发关于参与推动劳动教育相关工作举措的文件，动员起全社会助推劳动教育的磅礴力量。截至 2021 年 2 月底，14 个省市结合本地实际，及时编制推出落实中央《意见》的地方文件，完成了从中央精神到本地实践的系统规划。学校中，劳动教育的实践经验频频出新；学术界，劳动教育的研究热潮持续升温；社会上，劳动教育的研讨宣传活动此起彼伏。这一切都说明，2020 年必将是中国劳动教育史上甚至是中国教育史上浓墨重彩的炫丽一笔。

　　中国劳动关系学院劳动教育中心伴随劳动教育创新发展的时代热潮诞生，作为全国首家落实《意见》要求而独立设置的劳动教育教学科研机构，中心积极发挥在劳动教育领域的政策咨询、科学研究、人才培养、社会服务和资源整合优势，借助各方专业力量，综合劳动教育政策、研究、实践等领域改革和发展的最新动态，全面、深度梳理、总结、提炼一年来中国劳动教育改革和发展的重要进展、重要理论、重要经验与重要问题，捕捉对发展趋势有重要影响的新思想、新探索，撰写形成了《2020年度中国劳动教育发展报告》，以期为中国劳动教育改革发展作出独特贡献——为决策者提供完整丰富的劳动教育改革发展图景和建议，为中小学校长教师提供宏观把握劳动教育改革发展主题和方向的参考，为研究者提供了解劳动教育生动实践的窗口，推动劳动教育在建设高质量人才培养体系中全面落地生根、开花结果。

本书以2020年有关劳动教育的重大政策、重要探索为主线，从官方网站、主流媒体、专业期刊、舆情报告、研究报告、实地采访等途径搜集大量政策、研究与实践资料，剖析政策意义，关注政策实施，提出政策建议；梳理研究文献，提炼核心观点，把握研究动向；关注实践创新，提取积极元素，提供借鉴参考。

本书总体按照梳理顶层设计→关注社会之声→分析研究前沿→倾听同行研讨→展现生动实践的思路，自上而下、兼顾多方，全面呈现2020年中国劳动教育蓬勃发展的整体面貌，并基于对劳动教育发展现状的理性分析和撰写者的长期专业积累，对劳动教育的下一步发展做出展望。由于劳动教育量大面广，尽管撰写团队十分努力，一年来一直在不断地追踪、更新、梳理、分析资料，但受各种条件限制，仍难保证全面掌握了各方面资料，特别是基层实践探索方面的资料。受资料收集和撰写团队能力所限，本书提供的描述、做出的结论难免挂一漏万、存在偏颇，谨供业界参考。

1 顶层设计：劳动教育的政策体系不断完善

1.1 中共中央、国务院发布《意见》

2020 年是劳动教育政策顶层设计元年。3 月 20 日，中共中央、国务院印发《关于全面加强新时代大中小学劳动教育的意见》（以下简称《意见》），这是新中国成立以来第一次以党中央、国务院名义发布的劳动教育文件。《意见》正式明确：劳动教育是中国特色社会主义教育制度的重要内容，直接决定社会主义建设者和接班人的劳动精神面貌、劳动价值取向和劳动技能水平；提出了把劳动教育纳入人才培养全过程，贯通大中小学各学段，贯穿家庭、学校、社会各方面，与德育、智育、体育、美育相融合，紧密结合经济社会发展变化和学生生活实际，积极探索具有中国特色的劳动教育模式的总体要求。

面向各级政府，《意见》提出了强化综合实施的基本原则，要求加强政府统筹，拓宽劳动教育途径，整合家庭、学校、社会各方面力量，积极协调和引导企业公司、工厂农场、高新企业等社会力量发挥在劳动教育中的支持作用，形成协同育人格局。面向学校及教育行政部门，《意见》提出了"全面构建体现时代特征的劳动教育体系"的总体要求，明确了学校劳动教育的基本内涵、总体目标，并从日常生活劳动、生产劳动、服务性劳动三方面分学段确定了劳动教育的内容要求。同时，要求学校及相关教育行政部门整体优化劳动教育课程设置，将劳动教育纳入中小学国家课程方案和职业院校、普通高等学校人才培养方案，形成具有综合性、实践性、开放性、针对性的劳动教育课程体系；健全劳动素养评价制度，把劳动素养评价结果作为衡量学生全面发展情况的重要内容，作为评优评先的重要参考和毕业依据，作为高一级学校录取的重要参考或依据。对工会、共青团、妇联等群团组织以及各类公益基金会、社会福利组织，提出了组织动员相关力量、搭建活动平台，支持学生参加志愿服务、开展公益劳动、参与社区治理的要求。总之，《意见》充分体现了各方共同参与、协同治理的系统思维，对各级政府、教育行政部门、学校、各社会组织推进新时代劳动教育明确了责任、指明了方向。

《意见》发布之后，人力资源社会保障部、教育部、中华全国总工会和共青团中央（全国少工委）4部门和群团组织积极响应，立足职能定位，结合工作实际，发布正式文件，贯彻落实中央要求。截至2021年2月28日，全国已有14个地方政府、教育行政部门为落实《意见》正式印发文件。相关发文情况（按发文时间排序）见表1-1。

表1-1　2020年3月1日至2021年2月28日劳动教育文件发布情况

序号	发文单位	文件名称	发文时间
1	中共中央、国务院	关于全面加强新时代大中小学劳动教育的意见	2020年3月
2	人力资源社会保障部	关于加强技工院校劳动教育的实施意见	2020年4月
3	共青团中央、全国少工委	关于大力加强新时代学生团员、少先队员劳动教育的工作指引	2020年6月
4	教育部	大中小学劳动教育指导纲要（试行）	2020年7月
5	中华全国总工会	关于在全面加强新时代劳动教育中充分发挥工会组织作用的指导意见	2020年7月

序号	发文单位	文件名称	发文时间
6	湖北省人民政府	全面加强新时代大中小学劳动教育若干措施	2020 年 8 月
7	广西壮族自治区党委、自治区人民政府	关于全面加强新时代大中小学劳动教育的实施意见	2020 年 8 月
8	上海市委、上海市人民政府	关于全面加强新时代大中小学劳动教育的实施意见	2020 年 9 月
9	吉林省教育厅	关于全面加强新时代大中小学劳动教育的实施意见	2020 年 9 月
10	云南省委、云南省人民政府	关于全面加强新时代大中小学劳动教育的实施意见	2020 年 11 月
11	河北省委、河北省人民政府	关于全面加强新时代大中小学劳动教育的实施意见	2020 年 11 月
12	江西省委、江西省人民政府	关于全面加强新时代大中小学劳动教育的实施意见	2020 年 11 月
13	鄂州市人民政府	全面加强新时代大中小学劳动教育实施方案	2020 年 12 月
14	安徽省委、安徽省人民政府	关于全面加强新时代大中小学劳动教育的实施意见	2020 年 12 月
15	天津市委、天津市人民政府	关于全面加强新时代大中小学劳动教育的若干措施	2021 年 1 月
16	贵州省委、贵州省人民政府	关于全面加强新时代大中小学劳动教育的实施方案	2021 年 2 月
17	江苏省委、江苏省人民政府	关于全面加强新时代大中小学劳动教育的实施意见	2021 年 2 月
18	北京市委教育工作领导小组	关于全面加强新时代大中小学劳动教育的实施意见	2021 年 2 月
19	宁夏回族自治区党委、自治区人民政府	关于全面加强新时代大中小学劳动教育的实施意见	2021 年 2 月

1.2　部委及群团组织落实《意见》的重要举措

人力资源社会保障部《关于加强技工院校劳动教育的实施意见》（以下简称《实施意见》）提出了构建以"新时代、新青年、新技能、新梦想"为特色的技工院校劳动教育体系的目标。《实施意见》要求各地人力资源社会保障部门在地方党委统一领导下，加强对本地区技工院校劳动教育工作的组织领导，明确负责部门，结合本地实际研究制定实施方案；优化劳动教育课程设置；大力开展职业技能竞赛交流活动；加强劳动教育教材建设；推动建设劳动基地；协调有关部门加大经费支持力度等。要求技工院校制定劳动教育具体实施办法，明确实施机构和人员、工作内容、方式方法等，开好课程、抓好教学、用好教材、办好活动，多措并举深入开展劳动教育；充分发挥校企合作办学特色，以实习实训课为主要载体开展劳动教育；强化劳动教育时代特征，突出"高、精、尖、缺"导向，培养急需紧缺的技能人才；统筹开展校内校外劳动教育；强化劳动素养考核，将学生参加家务劳动和掌握生活技能的情况按年度记入学生综合素质档案等。《实施意见》特色鲜明、分工清晰，紧扣技能型人才培养的目标，较好地落实了中央《意见》要求，但没有体现"强化督导检查"的组织实施要求。

教育部印发的《大中小学劳动教育指导纲要（试行）》（以下简称《纲要》）主要面向学校和教育行政部门细化有关要求，加强专业指导。《纲要》在中央《意见》的基础上，进一步明确了劳动教育的性质和基本理念，进一步细化了劳动教育的目标与内容要求，对劳动教育的途径、关键环节和评价等方面提出了更具体、明确的指导要求。另外，《纲要》还就学校劳动教育的规划与实施、劳动教育条件保障与专业支持等方面提出明确要求，给予科学指导。

中华全国总工会发布《关于在全面加强新时代劳动教育中充分发挥工会组织作用的指导意见》，围绕工会组织的宣传引导优势、资源阵地优势、理论研究优势和体系机构优势，在加强劳动教育的宣传引导，推动"劳模进校园""大国工匠进校园"，推动劳模和工匠人才创新工作室、工人文化宫等为开展劳动教育提供平台场所，支持学校组织学生深入企业参加志愿服务活动，在参与组织劳动教育师资培训、深化劳动教育基础理论研究等方面，面向各省、自治区、直辖市总工会，各全国产业工会，中央和国家机关工会联合会，全总各部门、各直属单位提出了具体工作要求、明确了责任部门。

共青团中央、全国少工委《关于大力加强新时代学生团员、少先队员劳动教育的工作指引》除对各级各类学校少先队、共青团组织的劳动教育活动做出指引外，在动员相关力量方面，提出要推动聘任各行各业劳动模范、技能大师担任少先队校外辅导员，吸纳劳动模范、技能大师参加"青年讲师团"，组建"青年就业导师团"等；在搭建平台方面，提出推进团属青少年宫、青少年营地、"青年之家"等阵地设置劳动教育相关课程，配套完善硬件设施，为劳动实践活动提供支持；推动建设青年就业见习实习基地，为有需求的团员提供见习实习岗位等新的工作内容。

1.3 各地党委、政府落实《意见》的重要举措

《意见》要求政府要加强统筹，拓宽劳动教育途径，形成协同育人格局；要着力提升劳动教育支撑保障能力；要切实加强劳动教育的组织实施；鼓励各地各校因地制宜，充分挖掘当地资源，采取多种方式开展劳动教育，避免"一刀切"。现从加强统筹协调、明确责任分

工、提供支撑保障、创新推进工作等方面梳理各地发文落实相关要求的情况。

1.3.1 加强统筹协调

各地都强调要把劳动教育摆上重要议事日程，加强统筹领导，形成共育合力，明确各部门的工作职责，切实解决劳动教育实施过程中的重大问题。具体工作机制上，广西壮族自治区、上海市、江苏省、北京市将党委教育工作领导小组作为负责统筹协调的主要领导机构，定期研究劳动教育工作；天津市成立了大中小学劳动教育一体化建设指导委员会，统筹规划大中小学劳动教育，加强对劳动教育重大政策的科学论证、风险评估，强化对劳动教育重点工作的研究部署、整体推进和督促落实，整合劳动教育资源，形成学校、家庭、社会协同育人的劳动教育格局；河北省明确推行省、市、县三级一体统筹，分级负责、层层落实的劳动教育组织实施工作机制。在学校劳动教育统筹方面，上海市、云南省要求学校党组织书记、校长作为劳动教育第一责任人加强对本校劳动教育的组织领导。银川市、鄂州市提出校长是"学校劳动教育的第一责任人"，要成立由校长任组长的劳动教育课程领导小组，承担本校劳动教育的统筹规划、协调推动责任。

1.3.2 明确责任分工

湖北省提出了"各市（州）政府要对劳动教育进行合理规划，明确部门职责，出台相关政策措施，形成工作合力。各县（市、区）政府要加强属地统筹，建立健全工作机制，特别是安全保障、人员和经费保障机制，确保劳动实践教育的时间、师资、经费、场地、设备等落实到位"的总体分工。安徽省做出了省政府着重加强劳动教育的系统谋划，市级政府加强劳动教育的组织协调、督导检查和考核评价，县级政府具体负责加强劳动教育的推进实施、师资配备和综合实践基地、校内劳动实践场所等条件保障的总体分工。上海市、江西省、云南省、广西壮族自治区、安徽省、鄂州市等地还在文件中明确了教育行政、人力资源保障、农业农村、国有资产监管、工业和信息化、文化和旅游、体育、妇联、精神文明、民政、工会、共青团等部门和单位推动劳动教育的具体责任。上海市、云南省提出将支持学生劳动教育情况纳入国有企业履行社会责任报告事项。

1.3.3 提供支撑保障

各地文件均按中央《意见》要求从拓展实践场所、加强师资力量、健全经费投入机制、强化安全保障等方面提出了具体举措，部分省市还提出一些体现当地特色的创新性工作举措。

在拓展实践场所方面，湖北省、江西省、贵州省提出将劳动教育资源建设（或劳动教育综合实践基地建设）纳入"十四五"教育发展总体规划。上海市结合当地实际，提出构建涵盖考察研习、操作训练、项目实践、榜样激励的劳动实践场所图谱；重点建设若干布局合理、功能完备、安全便捷的综合性劳动实践基地，开展涵盖农业劳作、加工制造、服务体验的全流程劳动实践；围绕建设"五个中心"、强化"四大功能"、打造"四大品牌"，建设都市农业、先进制造、现代服务、文化创意等劳动实践基地，满足学生多样化、创新性劳动实践需求；重视劳动文化传承，用好"老字号"和非物质文化遗产、手工艺传习基地；推动长三角区域劳动实践场所合作联动、协同创新等创新性工作思路。河北省提出实施市级示范性综合实践基地和县（市、区）青少年校外活动中心提升行动，建成区域性劳动教育实践中心；学校原有实践场所不足的，可采取政府划拨、学校租赁、社会合作等方式依法依规获得土地，建设高水平实践场所。安徽省要求省教育、住房城乡建设部门制定县级中小学劳动教育实践基地、中小学校内劳动实践场所建设标准。天津市提出重点建设 5 个市级、16 个区级劳动教育基地，共建 50 个"农业＋""工业＋""科技＋""生态＋""文化＋""旅游＋""制造业＋""建筑业＋""金融＋""信息＋"等行业劳动实践教育基地；支持各区、各学校依托杨柳青年画、泥人张等具有天津特色的文化品牌，建设一批劳动教育合作基地，开设非物质文化遗产学习劳动教育课；认定不少于 60 个中小学实践课堂资源单位；每所中小学校至少建设 1 间劳动教室，每所职业院校和普通高校至少建设 1 个校内劳动教育工坊等具体要求。贵州省提出重点打造一所本科高校教学实验农场、10 个职业院校实习实训基地；遴选 10 个劳动教育示范县（市、区），遴选立项 100 个省级劳动教育实践基地、300 所省级劳动教育项目试点学校，以点带面，实现"校校有场地，县县有基地"。江苏省提出每年认定省级职业体验中心 100 个、省级创造性劳动实践基地 30 个。北京市提出各区要统筹规划和配置劳动教育实践基地资源；发挥北京市社会大课堂资源单位的劳动教育优势，系统设计实践内容，形成北京市劳动教育实践基地体系；鼓励有条件的社会单位充分发挥科技、非物质文化遗产、"老字号"等优质文化资源作用，形成新型劳动实践基地。

在加强师资建设方面，广西壮族自治区要求"各级教育行政部门要会同人力资源社会保障等部门制定劳动教育教师配备计划"。上海市提出要设立劳动教育名师基地，培育劳动教育骨干团队，探索培养劳动教育方向的专业学位研究生。江西省、河北省均明确将劳动教育内容纳入中小学教师国家级、省级培训，开展全员培训。鄂州市提出用五年时间培养 100 名劳动学科带头人和教学能手；广泛开展"鄂州技能大师""劳动学科带头人""劳动教学能手"评选活动，提高教师专业化水平。天津市要求各区结合中小学教师"区管校聘"管理改革，核定中小学劳动教育教师岗位数量，为学校配备必要的专任劳动教育教师；实施劳动教育骨干教师择优资助及高级访学计划。江苏省提出将劳动安全教育等纳入培养培训课程，建立20个左右省级劳动教育教师培养培训基地；实施劳动教育课程教师专项培训；将劳动教育纳入青年教师基本功大赛、教学大赛内容；探索建立德育、体育、艺术、心理健康教师与劳动教育教师融合培养培训新机制等创新性工作思路。

在健全经费投入机制方面，绝大多数省（区、市）按照教育部《纲要》要求，明确了以县（区）为主、政府统筹规划配置学校劳动教育资源的机制。同时，上海市提出统筹安排中央补助资金和有关经费，加强学校劳动教育设施标准化建设。贵州省要求省级财政设立劳动教育专项资金，市县财政做好劳动教育经费保障。天津市提出建立政府、学校、社会、家庭共同承担的劳动教育多元化经费筹措机制，各区每年要按照生均300元的标准，安排劳动教育专项经费，组织小学高年级、初中、高中学生开展校外集中劳动。江苏省要求高校要将劳动教育经费纳入年度预算。

在强化安全保障方面，绝大多数省（区、市）再次明确了中央《意见》中建立"政府负责、社会协同、有关部门共同参与的安全管控机制"和"政府、学校、家庭、社会共同参与的劳动教育风险分散机制"的基本要求。上海市提出"统一为中小学校购买校方责任综合险，鼓励购买劳动教育相关保险"。贵州省提出以县为单位建立完善劳动教育安全管理制度。天津市要求制定中小学生劳动教育工作规程，完善校内外劳动教育安全措施，落实安全责任；学校组织开展校外劳动教育活动要做到"活动有方案，行前有备案，应急有预案"，并按管理权限报教育行政部门备案，做好学生活动管理和安全保障工作；要与家长签订协议书，明确学校、家长、学生的责任和权利。

1.3.4 其他创新性工作举措

在加强劳动教育专业研究方面，上海市、安徽省、河北省均提出成立大中小学劳动教育指导委员会，指导劳动教育课程设置、教材建设、教学改革、教育质量监控等工作。河北省提出"在省级教学成果奖励中，将劳动教育单列为一类"。上海市要求大中小学均设立劳动教育教学改革试点项目。安徽省提出设立省级劳动教育专题研究项目。江西省提出组织劳动教育教学设计竞赛，开展劳动教育送课送研活动。天津市要求组建市、区两级劳动教育专家组，加大对劳动教育的研究与指导力度；高等学校设立劳动教育教研室，中小学建立劳动教育学科教研组，设立劳动教育名师工作室。贵州省提出"鼓励和支持有条件的学校开设劳动教育相关专业（劳动关系、劳动经济学、劳动与社会保障等），加大人才培养力度"。

在劳动教育的具体实施推进方面，上海市提出建设市、区两级劳动教育中心，打造集劳动课程教学、基础生产劳动实践、教师教研培训、工作研究指导等功能于一体的劳动教育管理服务平台。上海市、安徽省将每年 5 月的第二周设定为全市、全省"学生劳动教育宣传周"。江西省提出实施全省劳动教育教学资源建设与共享工程，搭建省级综合劳动教育教学资源平台，建设线上线下教学相融合的劳动教育课程教学资源体系。天津市提出构建大中小学一体化劳动教育体系，分别制定义务教育学校、普通高中、职业院校和普通高校的劳动教育课程建设指南；在高中学段和高等学校开展志愿者星级认证；在高等学校建立劳动实践学分制度。吉林省提出要组建百名省级家庭教育专家队伍，积极在家庭教育公益宣讲中强化劳动教育相关内容。

1.4　评析：各项举措有待深化细化

《意见》发布以后，有关部委、群团组织和各地政府积极响应，较快完成了本部门、本地劳动教育的统筹规划，部分省（区、市）的工作举措具体明确、可行性强、地方特色突出，但大多数文件也存在照搬中央《意见》和教育部《纲要》要求，结合本地实际推进劳动教育的创新性举措不足等问题。此外，相关文件中大多明确了统筹协调的原则性要求，但没有明确具体的统筹协调工作机制，容易使有关要求在实践中落空。在各项工作任务分工上，大多数文件存在责任分工不明、支持鼓励的工作举措不实等问题，容易造成政策执行逐级虚化。

2 社会之声：劳动教育引发社会广泛关注

《意见》和《纲要》发布后，劳动教育引发了社会各界广泛关注，与"劳动教育"相关的网络讨论大幅增加，各地开展劳动教育的新闻也如雨后春笋般涌现。

2.1 "劳动教育"指数揭示社会各界关注情况

人们在百度上搜索"劳动教育"可以在一定程度上反映出社会大众对劳动教育的关注程度。百度指数是以百度海量网民行为数据为基础的数据分享平台。用户通过在百度指数建立关键词，可以观察到关键词的搜索趋势，洞察网民兴趣和需求，监测舆情动向，定位受众特征。百度指数基于电脑端和移动端的搜索数据。我们于 2020 年 7 月 11 日在百度建立"劳动教育"指数，从次日开始有正式数据，形成连续的变化趋势，以下是基于劳动教育的百度指数分析的社会关注情况。

2.1.1 从关注劳育导向转向关注典型案例

由图 2-1 可知，在 2020 年 7 月 16 日至 12 月 31 日期间，全网用户每个月对劳动教育的关注比较平均，只有 10 月初的关注度稍微偏低。搜索指数①的最高点出现在 7 月 16 日（图 2 - 1 的 A 点），对应着当日的三条新闻：《把劳动教育落到实地》② 《教育部明确劳动教育"刚性"课时》③《教育部：大中小学要设立劳动教育必修课》④，三条新闻分别来自《人民日报》、新华社和《中国青年报》。这表明，当日三条新闻同时发布，引起了社会各界的广泛关注，增加了互联网搜索劳动教育的频次。

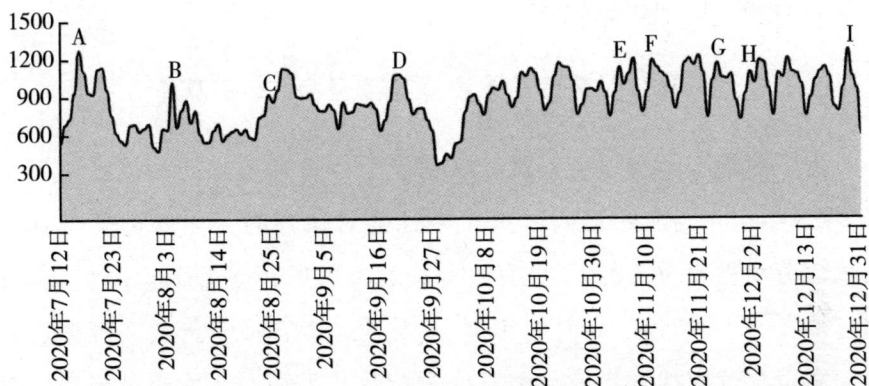

图 2 - 1　2020 年 7 月 12 日至 12 月 31 日百度"劳动教育"搜索指数

在以上时间区间内，"劳动教育"搜索指数的第二高点位于 12 月 28 日（图 2 - 1 的 I 点），对应着当日的三条新闻：《两江新区 为新时代劳动教育注入"智慧因子"》⑤《西安工程大学多措并举开展劳动教

---

① 搜索指数以网民在百度的搜索量为数据基础，以关键词为统计对象，科学分析并计算出各个关键词在百度网页搜索中搜索频次的加权。

② 新浪科技，https://tech.sina.com.cn/roll/2020 - 07 - 16/doc - iivhuipn 3241059.shtml。

③ 新华网，http://www.xinhuanet.com//mrdx/2020 - 07/16/c_ 1210704825.htm。

④ 中青在线，http://zqb.cyol.com/html/2020 - 07/16/nw.D110000zgqnb_ 20200716_ 5 - 02.htm。

⑤ 两江新区官网，http://www.liangjiang.gov.cn/content/2020 - 12/28/content_ 10105712.htm。

育活动》①《江苏旅游职业学院探索"五融五促"劳动教育模式》②，三条新闻分别来自《重庆日报》、西安新闻网、中国教育在线。从7月到12月，引起互联网用户关注的新闻从劳动教育的总体导向转向劳动教育的具体案例，这表明，在2020年底的时候，各级各类学校已经普遍行动起来，开展形式多样的劳动教育活动，并涌现了一批代表性院校和典型做法。人们在看到典型案例的时候，也会提升对劳动教育的兴趣，增加搜索频次。

2.1.2 全社会对劳育的关注度与美育相当，不及体育

为了对比全社会对劳动教育、德育、体育和美育的关注度，我们以2020年全年为考察区间，全年中社会对体育的关注度远高于其他三育。劳动教育自7月12日有百度搜索指数后，在7月至10月15日超过德育和美育，在10月中旬至10月底，美育搜索指数大幅超过劳育，之后，劳育搜索指数与美育搜索指数几乎相同，均超过德育搜索指数（见图2-2）。

以上数据表明，劳动教育一方面受到了社会的广泛关注，关注度略微超过德育和美育，另一方面关注度不及体育。即使考虑到近年来国家出台关于体育的指导意见，在一定程度上提升了社会对体育的关注度，近年来国家同样出台了关于美育的指导意见，美育的关注度也远低于体育。我们认为，社会对以上四育的关注体现了青少年体育素质的现实重要性，也体现了加强劳动教育的现实意义。考虑到劳动教育中也涉及体力锻炼，加强劳动教育可以在一定程度上促进体育工作，增强青少年身体素质。

---

① 网易，https：//www.163.com/dy/article/FUU5B2BB0534A4S8.html。
② 中国教育在线，https：//www.eol.cn/jiangsu/jszy/202012/t20201228_2063468.shtml。

——劳动教育 ——德育 ……体育 ⋯⋯美育

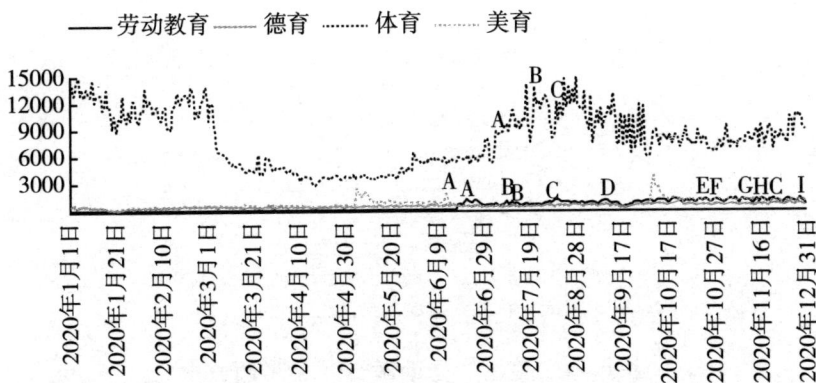

图 2 - 2　2020 年 1 月 1 日至 2020 年 12 月 31 日百度"劳动教育"
搜索指数与德育、体育、美育指数

2.1.3　全社会关注劳动教育的地域差异

百度搜索指数可以显示关注"劳动教育"关键词的用户来自哪些
地域。以 2020 年 7 月 12 日至 12 月 31 日为时间区间，图 2 - 3 显示了
关注"劳动教育"最多的前十个省份，图 2 - 4 显示了关注"劳动教
育"最多的前十个城市。

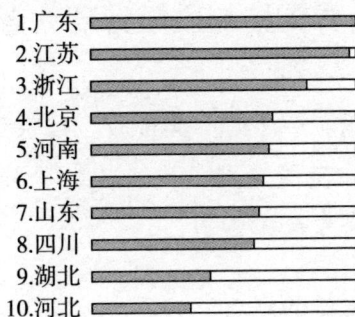

图 2 - 3　关注"劳动教育"最多的省份

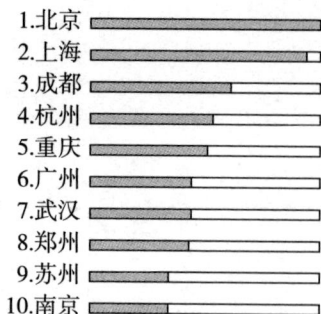

图2-4 关注"劳动教育"最多的城市

图2-3中，前十个省份中，有一半是经济发展程度较高的地区，比如广东、江苏、浙江、北京、上海，还有一些典型的人口大省，比如山东、河南，这表明经济发展程度越高、人口数量越多，关注劳动教育的可能性越大。

图2-4中，前十个城市包含北、上、广等典型的一线城市，也包括成都、武汉、郑州、南京等典型的二线省会城市。这表明经济发展水平越高，人们越关注并搜索劳动教育，这也从侧面说明了这些城市的人们更加重视劳动教育。

2.2 社会各界支持与质疑劳动教育的基本观点

2020年《意见》和《纲要》发布后，社会各界广泛关注，热烈讨论。根据百度搜索和微博热点，关注者对"劳动教育"看法各异，大致可划分为支持与否定两类观点。

2.2.1 肯定与支持的观点

肯定与支持的观点主要立足于价值观培养、提高动手实践能力、塑造劳动品质等方面。

　　首先，开展劳动教育有助于培养正确的劳动价值观。近年来，随着劳动分工的不断细化、资本性收入的不断提高，社会出现了一些不正确的劳动价值观：认为只需要脑力劳动即可，可以通过购买他人的体力劳动，自己不用从事体力劳动；认为有了人工智能，人们不用劳动，或只用从事简单劳动，所以不用学习复杂、复合型、技术性和创造性劳动；认为父辈通过劳动创造了价值，青少年通过财富增值即可生存，无须进行劳动；认为自己通过货币等价交换的劳动产品，可以自由支配，包括随意浪费和挥霍；等等。以上不良观念均是劳动教育缺失的结果，需要通过劳动教育进行扭转。劳动教育有助于青少年理解现有的财富和产品不是凭空得来的，而是通过劳动产生的，需要珍惜，需要合理利用，需要进一步完善和优化。我国以按劳分配为主体、多种分配方式并存的收入分配制度并未改变，诚实劳动创造财富的价值体系也没有改变。尤其是新冠肺炎疫情发生以来，青少年如果不会基本的日常生活劳动，生存将成为问题。爱劳动、会劳动、懂劳动的重要性更加突出，开展劳动教育具有现实意义。

　　其次，开展劳动教育有助于提高学生运用工具的动手操作能力和思维能力。一是服务生活，提升料理个人事务的能力，满足自身生存发展的需求，陶冶个人情操，增强个人体验，在劳动中感受劳动的魅力和喜悦。二是把一件件小事做好，传承执着专注、精益求精、一丝不苟、追求卓越的工匠精神。三是传承手工艺类非物质文化遗产，继承和发扬中华民族传统文化。四是服务中国制造转型升级，提高制造业全员劳动生产率，提升劳动者素质，培养优秀接班人。

　　最后，开展劳动教育有助于塑造劳动品质和个人品格。通过劳动，青少年可以培养克勤克俭、吃苦耐劳、专注细致、团队协作、乐于助人的坚毅品格，从而改善一些因为好逸恶劳、斤斤计较、不愿奉献而产生的社会问题，如改善大学生室友关系、降低因家务劳动产生的家庭矛盾、推进执行垃圾分类等。

2.2.2 否定与质疑的观点

否定与反对的观点主要集中在劳动教育课程与其他课程冲突、校外实践基地条件有限、劳育评价困难和家校联动问题等，这些困难和问题不利于劳动教育的推进和开展。

课程体系的设置方面。第一，有公众认为，开展劳动教育可能增加学生负担：目前的中小学生课业压力非常大，课外时间基本上都被作业和补习班占据，不应被"副科"挤占课业时间。第二，担心劳动教育流于形式、走过场、拍照打卡，各类劳动教育作业很难让学生从内心深处接受。第三，担心劳动教育课程缺乏吸引力。各学校采取学生喜闻乐见、易于接受的形式存在一定困难，学生可能丧失对劳动教育课的兴趣；把劳动教育混同成"吃苦教育"，片面追求"不怕脏、不怕苦、不怕累"；设置简单重复的体力劳动，让一些少年儿童在接受完劳动教育后反而片面认识劳动艰辛，更加不热爱劳动。第四，劳动教育课程和活动需要有创造性、探索性、开放性和灵活性，这需要高素质的专任教师，目前这方面师资较少，将影响劳动教育课程和活动的实际效果。

校外实践基地建设方面。受资金、人力等条件所限，只有部分学校设有劳动教育综合实践基地。受人力、安全隐患等问题所限，大部分社区没有专门对接学校开展活动。很多劳动教育实践基地也体现了认识上的窄化：还是以农业、制造业、家政业为主，缺少融合性、延伸性、创造性和科技性，与产业发展和青少年兴趣点的匹配度不高。

评价体系的构建方面。第一，不开展劳动教育评价，劳动教育可能将停留于口号和形式，也很难规范化、体系化、常态化。如果开展劳动教育评价，存在如何评价、如何保证客观公正、要不要跟升学挂钩等问题。因地制宜地开展劳动教育和把劳动素养评价结果作为高一级学校录取的重要参考或依据，在保留灵活性的同时，二者可能存在冲突。第二，如果开展评价，评价体系可能催生劳动教育的形式主义，拍照打卡和成果展示型评价不一定合理。第三，劳动教育评价可能产生学校录取的腐败漏洞，也可能出现家长代劳的劳动成果参与评价。第四，在评价体系的影响下，一些学校可能会强制学生参加义务劳动，不充分尊重学生的独立意识和个体选择。

家校联动开展劳动教育方面。第一，在家庭劳动教育方面，有些家长的劳动教育意识薄弱，劳动教育能力不足，甚至认为劳动是苦差事，不能让孩子受一点苦，隔代育儿的家长在这些方面表现得更为普遍。第二，通过学校传导压力进行劳动教育，可能会增加家长的负担，家长对孩子劳动教育的重要性的认识可能与学校要求有偏差。

2.3 评析：劳动教育的价值在争论中明晰

2020 年，《意见》和《纲要》引发了社会各界对劳动教育的广泛关注和讨论，劳动教育的热度在大部分时间略高于德育和美育，经济发展水平高的地区更关注劳动教育，社会上产生了关于肯定与否定劳动教育的各种观点。总体而言，争议无可厚非，真理愈辩愈明，在逐步争论中，劳动教育必将逐步推进，以更加符合青少年需求的形式落地生根，成为德智体美教育的土壤，真正发挥综合育人功能，最终开花、结果。

3 学术研究：劳动教育年度研究热点分析

3.1 研究成果不断涌现

全国教育大会后，劳动教育的相关研究持续升温。在中国知网以"劳动教育"为关键词进行搜索显示，2019 年全年发表各类劳动教育相关文章 1477 篇，2020 年 3261 篇，是 2019 年的 2.2 倍，说明 2020 年度劳动教育研究加速升温，相关学术论文、学位论文、报刊发文都有大幅提升（见表 3-1）。

表 3-1 2019 年、2020 年"劳动教育"相关研究成果分布

年份	学术期刊	学位论文	会议论文	报纸	图书	学术辑刊	特色期刊	视频	总计
2019	734	25	49	69	11	3	586	0	1477
2020	1251	105	70	246	7	41	1540	1	3261

从研究主题看，2020 年度劳动教育大致可分为两大类：一是对新时代劳动教育的总体研究，包括劳动教育的基础理论、育人价值、实施体系的研究，主题词包括"教育课程""立德树人""育人价值""劳动观""劳动实践"等；二是劳动教育的学段研究，主题词多为

"幼儿园""家庭劳动教育""大中小学""新时代大学生""高职院校"等（见图 3 - 1）。

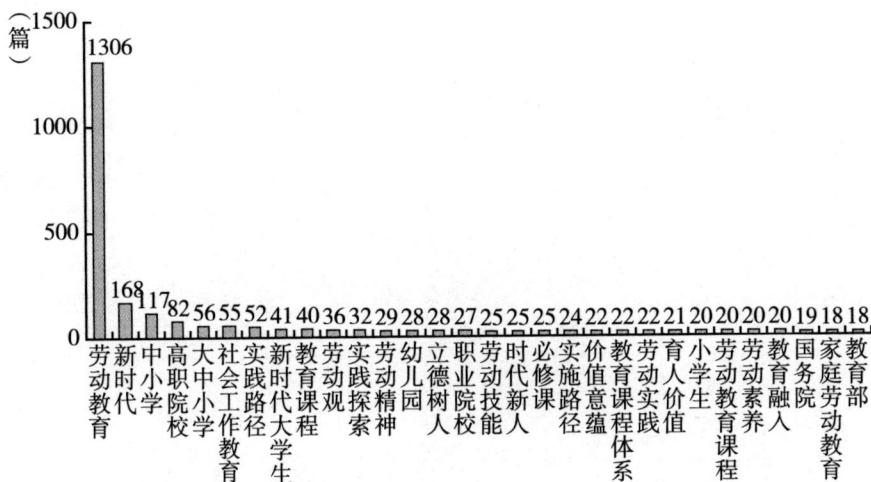

图 3 - 1   2020 年劳动教育研究主题文献分布情况

从文献来源看，2020 年度劳动教育类发文最多的刊物是《福建教育》《中国教师报》《上海教育》；核心期刊中，劳动教育类发文数量排前五位的期刊为《中国高等教育》《教育发展研究》《中国教育学刊》《教育研究》《中国高教研究》，核心期刊论文 301 篇，占比 9.23%。

2020 年度劳动教育研究的学科分布范围较广，除传统教育学领域外，还涉及社会学、思想政治教育、政治学、计算机科学、人才学、马克思主义理论、经济学等各个领域，说明劳动教育研究已表现出跨学科、多领域、广维度等特点（见图 3 - 2）。

从发文机构看，2020 年劳动教育发文量前十的机构分别是北京师范大学、中国劳动关系学院、西南大学、华东师范大学、南京师范大学、华南师范大学、上海师范大学、华中师范大学、中国人民大学、安

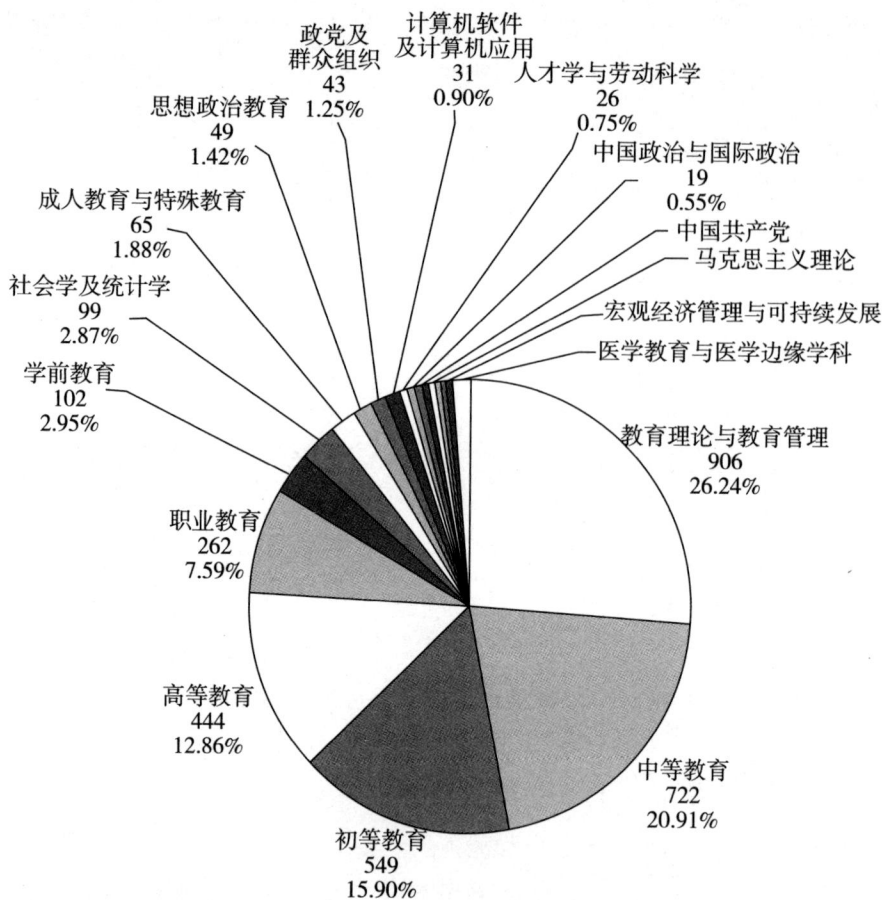

图 3-2　2020 年劳动教育研究学科分布情况

徽师范大学，另有成都市张家巷小学和杭州市富阳区富春第七小学两所基础教育机构进入发文量前 30 名榜单（见图 3-3）。可见，高校依然是劳动教育研究的主阵地，部分劳动教育实践成就突出的中小学校也开始注重相关经验的研究与推广；师范院校在"劳动教育"研究领域依然保持突出的团队优势，但中国劳动关系学院、中国人民大学等非师范类院校的突出表现也说明，在马克思主义哲学、劳动科学等领域学科积累深厚的高校，已成为劳动教育研究领域的重要力量。

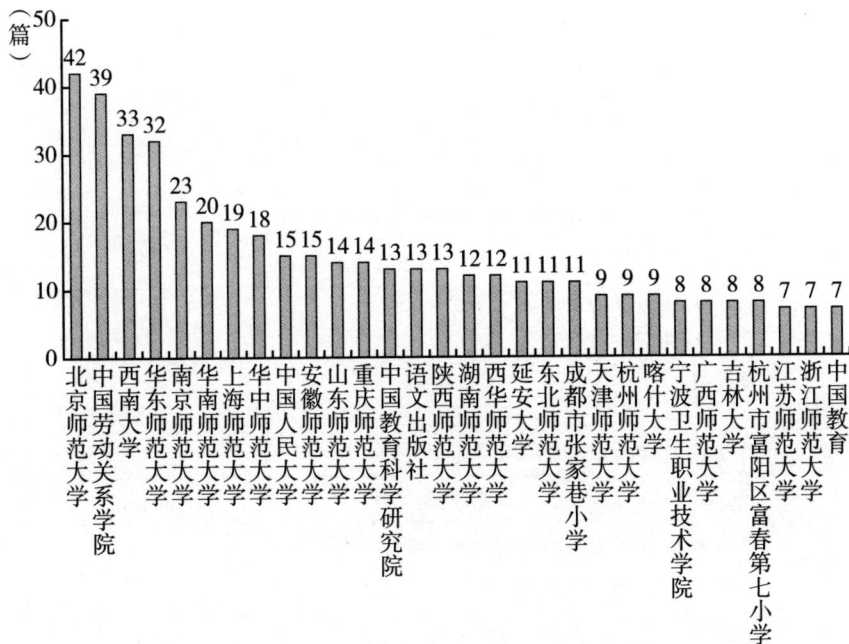

图 3-3 2020 年劳动教育研究的机构发文前 30 名

从作者情况看，2020 年度，劳动教育研究的主要学者分布如表 3-2 所示，其中发文量排前五名的是宁本涛、章振乐、顾建军、梁广东、刘向兵。对于劳动教育发文量排名前 30 位学者的单位进行统计，发现中国劳动关系学院有四位学者入围，西南大学有三位学者入围，这说明两所学校的机构发文优势主要集中在这些学者身上。

表 3-2 2020 年劳动教育研究的学者发文前 30 名

序号	姓名	单位	数量
1	宁本涛	华东师范大学教育学部	9
2	章振乐	杭州市富阳区富春第七小学	8
3	顾建军	南京师范大学教育科学学院	7
4	梁广东	绥化学院马克思主义学院	6

续表

序号	姓名	单位	数量
5	刘向兵	中国劳动关系学院党委、中国劳动学会	6
6	周兴国	安徽师范大学教育科学学院	5
7	何云峰	上海师范大学知识与价值科学研究所	5
8	曲霞	中国劳动关系学院劳动教育中心	5
9	孙会平	华东师范大学教育学系	5
10	檀传宝	北京师范大学公民与道德教育研究中心、全国德育学术委员会	4
11	雷世平	空军航空维修技术学院	4
12	王飞	山东师范大学教育学部	4
13	李伟平	江苏省常州市局前街小学	4
14	熊晴	西南大学教育学部	4
15	何素淑	湖南高速铁路职业技术学院	4
16	徐辉	西南大学教育学部	3
17	陈宝生	教育部	3
18	胥兴春	西南大学教育学部	3
19	孙云晓	中国青少年研究中心	3
20	杨小军	湘潭大学马克思主义学院	3
21	郝志军	中国教育科学研究院课程与教材研究所	3
22	徐海龙	江苏省南浦高级中学	3
23	毕文健	南京师范大学教育科学学院	3
24	毕文健	南京理工大学泰川科技学院发展规划处	3
25	许涛	中国劳动关系学院学生工作部	3
26	刘伟亮	西南财经大学	3
27	任平	广州大学教育学院	3
28	赖德胜	中央党校(国家行政学院)社会和生态文明教研部	3
29	战帅	中国劳动关系学院团委	3
30	蔡雷	北京市平谷中学	3

3.2 各学段研究同步推进

2020 年劳动教育研究既有对劳动教育基础理论与实践的整体性研究，也有聚焦中小学、职业院校和普通高校的分学段研究。研究几乎覆盖了劳动教育实施推进的各个方面，并在每一领域下形成了一批具有较强前瞻性的研究成果。

3.2.1 劳动教育的整体性研究

除相关文件精神解读外，2020 年学者们关注的领域主要集中在劳动教育的历史考察、时代革新、育人价值、理论基础等方面。

3.2.1.1 劳动教育的历史考察

2020 年涌现了众多的劳动教育历史考察类论文[①]，这些论文从政

[①] 郝志军、王艺蓉：《70 年来我国中小学劳动教育政策的反思与改进建议》，《西北师大学报》（社会科学版）2020 年第 3 期，第 124～130 页；宋乃庆、王晓杰：《新中国成立以来我国劳动教育政策发展：回眸与展望》，《思想理论教育导刊》2020 年第 2 期，第 76～80 页；张妍、曲铁华：《劳动教育政策 70 年：演进、嬗变特点与实践路径》，《教育学术月刊》2020 年第 9 期，第 42～49 页；张正瑞：《中国共产党百年劳动教育历史经验与当代遵循》，《黑龙江高教研究》2020 年第 12 期，第 6～11 页；申国昌、申慧宁：《我国劳动教育的历史审思与未来展望》，《全球教育展望》2020 年第 10 期，第 102～113 页；许洪位：《新中国 70 年劳动教育在人才培养目标中的历史变迁与经验启示》，《劳动教育评论》2020 年第 2 辑，第 105～116 页；周兴国、曹荣荣：《新中国的劳动教育：观念演变与发展》，《中国教育科学》2020 年第 3 期，第 25～34 页；艾兴、李佳：《新中国中小学劳动教育课程设置：演变、特征与趋势》，《教育科学研究》2020 年第 1 期，第 18～24 页；芮国星、陈凤：《1949 年以来劳动教育的三重逻辑与现实思考》，《劳动教育评论》2020 年第 1 辑，第 80～95 页；胡玉玲：《产业结构演进视角下的劳动教育形态变迁》，《劳动教育评论》2020 年第 2 辑，第 83～104 页；王慧、王晓娟：《我国中小学劳动教育发展的检视与思考》，《河北师范大学学报》（教育科学版）2020 年第 3 期，第 36～45 页；夏惠贤、杨伊：《我国中小学劳动教育的百年探索、核心议题与基本走向》，《教育发展研究》2020 年第 24 期，第 13～20 页。

策演变、劳动观念、课程设置、培养目标、教育形态等各方面梳理了劳动教育，特别是新中国成立以来劳动教育的发展历史，总结归纳出我国劳动教育的宝贵历史经验，包括：高度重视意识形态的价值引领，确保劳动教育的政治方向；劳动教育课程化、活动化，并与相关的学科相融合，重视学生的实践和体验；以社会需求驱动发展的动力机制；以政府为主导自上而下推进的过程保障等。分析劳动教育发展中存在的各种问题，如劳动教育课程政策和体制机制不健全、劳动教育的主体过于单一、没有把劳动教育实施效果及考核评价纳入整体的评价机制、劳动教育基础理论的研究比较薄弱、容易出现两极钟摆的曲折反复现象等。指明了新时代劳动教育体系建构的方向。坚持方向性：以思想政治教育为先导引领劳动教育发展；唤醒内生性：挖掘劳动教育丰富的育人价值；注重系统性：构建涵盖大中小幼的劳动教育政策体系；凸显地域性：强化劳动教育地方及校本特色；彰显时代性：融入新时代劳动教育方式的创新；加强科学性：以学理研究为根基，夯实劳动教育健康持续发展的基础；促成协同性：打造家庭、学校、社会协同育人的新格局。

3.2.1.2 劳动教育的时代革新

结合新时代劳动变化重新理解劳动教育也是学者关注的热点。① 达成的基本共识是：信息时代或人工智能时代具有时空重构、群体互惠、"产消合一"特点，对劳动者的核心素养构成、劳动教育的育人内容和教学场景都提出了新要求。因此，新时代更需通过劳动教育，

---

① 戴菁：《人工智能时代更需重视劳动教育》，《学习时报》2020年4月3日，第6版；毕文健：《新时代劳动形态下劳动者及劳动教育的新审思》，《职教通讯》2020年第6期，第15～23页；陈苏谦：《人工智能背景下高校劳动教育的创新研析》，《齐齐哈尔大学学报》（哲学社会科学版）2020年第11期，第60～64页；李政林：《成事与成人：信息时代劳动教育的突破与创新》，《中国教育学刊》2020年第8期，第18～23页；章乐：《从割裂到融合：论当代劳动教育的时代转向》，《教育发展研究》2020年第24期，第21～27页。

引导青少年克服网络依赖症、微信依赖症、手机依赖症和依赖网络浅尝辄止解决问题的思维习惯，提高学生在现实生活中的社会交往能力和深度思考力、创新创造力等。还要加强劳动价值观教育，引导孩子认识到人工智能背景下虽然劳动的内容和形式发生了改变，但劳动仍是"一切价值的创造者"，"幸福都是奋斗出来的"，强化诚实合法的劳动意识。树立由"割裂"走向"融合"的劳动教育思维，生成由"重复"走向"反思"的劳动教育过程，构建由"体验"走向"创造"的劳动教育实践机制，切实让劳动教育为人的终身发展服务。

3.2.1.3 劳动教育的育人价值

关于劳动教育育人价值的众多研究中①，除一般性地研究劳动教育之于社会和谐发展和个体全面发展的价值外，也有一些学者聚焦劳动教育的独特价值进行深度阐释。娄雨认为，劳动教育的独特价值体现为对人的身体、技艺和心灵等各方面的完整培养。在"体"的层面，要保护青少年儿童的健康，发展身体活动能力；在"技"的层面，要培养身心合一的技术和技艺，去除笨拙和疏离，建立灵巧与一体感，帮助青少年成为技术的主人，并建立劳动保护和安全意识；在"心"的层面，要帮助青少年培育劳动的品德，建立体力、脑力、情绪等各种劳动的平衡感，并建立对"好的劳动"的判断力，在"体、技、心"的完整培养中指向发展青少年蓬勃的生命力和完整的幸福

---

① 韩升、赵雪：《新时代劳动教育的价值意蕴与实践路向——以马克思身体思想为基点的考察》，《吉首大学学报》（社会科学版）2020 年第 5 期，第 13～20 页；徐冬青：《劳动教育的现代价值诉求》，《福建教育学院学报》2020 年第 10 期，第 16～19 页；卢水平：《劳动教育的价值本质与合理实践》，《上饶师范学院学报》2020 年第 5 期，第 14～18 页；娄雨：《什么是"劳动的独特育人价值"——论劳动之于"体、技、心"的教育意义》，《中国教育学刊》2020 年第 8 期，第 12～17 页；石丹淅、赖德胜：《新时代劳动教育的价值意蕴与实践策略》，《劳动教育评论》2020 年第 3 辑，第 70～85 页；陈亮、康钊：《新时代劳动教育的价值诉求与路径探讨》，《教育观察》2020 年第 15 期，第 12～14 页。

感。韩升等则从马克思身体思想出发，指出劳动教育的独特价值包括：关切身心健康，培育时代新人的生命健康观；关爱自然生命，培育时代新人的生态文明观；关注社会关系，培育时代新人的公共交往观；关怀人类命运，培育时代新人的世界历史观。

3.2.1.4　劳动教育的理论基础

这方面的研究可以分为两类：一类是直接探讨新时代劳动教育体系架构的理论基础。刘向兵从哲学、经济学、文化学和教育学四种学科视角下审视了劳动教育的中国特色，认为劳动教育的中国特色在哲学上体现为以马克思主义劳动观为基础的"劳动幸福观"教育和"四最"劳动价值观教育；在经济学上体现为中国特色社会主义和谐劳动关系教育和坚持"劳动正义"的经济伦理教育；在文化上体现为以社会主义先进文化为基础的勤俭、奋斗、奉献、创新等劳动精神的培养；在教育学上体现为以实现个体社会化与个性化双向统一、和谐发展为目的。[①] 付瑶认为，新时代劳动教育的理论基础包括我国传统的劳动教育观、马克思主义经典作家的劳动教育观和中国共产党的劳动教育观。[②] 另一类是从某一理论基础出发反思当下劳动教育。扈中平从马克思的劳动异化论出发，论证指出新时代劳动教育必须重视"劳动"本身的改变，尽可能地使学生的劳动具有主体性、多样性、社会性、科学性和对象性，促使他们在劳动中自由自觉地发挥自己的体力和智力，获得应有的发展，否则学生就可能会躲避和敷衍劳动。[③] 李方等从马克思人学理论出发，指出需确立劳动教育人学观，以推进

---

① 刘向兵：《多学科视阈下劳动教育的中国特色审视》，《劳动教育评论》2020 年第 1 辑，第 12 ~ 30 页。

② 付瑶：《新时代劳动教育的理论基础与实践路径》，《沈阳师范大学学报》2020 年第 3 期，第 46 ~ 51 页。

③ 扈中平：《马克思的劳动异化论对当下劳动教育的启示》，《教育研究》2020 年第 12 期，第 31 ~ 39 页。

人的全面发展为目标，不断满足人的现实发展需要，处理好人与自身、人与自然以及人与社会等方面的关系。[①] 柳友荣等多位学者从马克思主义劳动美学出发，探讨了美学在深化青少年对劳动教育的认识与体验方面的重要价值，并从强化自主性劳动、关注劳动生成性、体现劳动的创新性、重视劳动的谐和性、尊重劳动的科学性等方面探讨了深化青少年劳动教育体验的基本原则。[②]

3.2.1.5 劳动教育评价

毋庸置疑，评价对引导劳动教育的实施走向、促进劳动教育的目标实现、辨析劳动教育实施的经验和问题、保障劳动教育的实际效能、激励劳动教育的实践创造等具有极为重要的意义。[③] 2020 年关于劳动教育评价的相关研究[④]总体可分为三大类。一是劳动教育质量的

[①] 李方、檀竹茂、李欢：《新时代劳动教育体系的马克思主义人学审视》，《长治学院学报》2020 年第 3 期，第 78～82 页。

[②] 柳友荣：《美丽劳动：理论逻辑、本质属性与教育进路》，《劳动教育评论》2020 年第 3 辑，第 45～57 页；单旖旎：《劳动教育的深化：追寻美学意蕴》，《教育理论与实践》2020 年第 31 期，第 14～17 页。

[③] 顾建军：《加快建构新时代劳动素养评价体系》，《人民教育》2020 年第 8 期，第 19～22 页。

[④] 孟万金：《构建新时代劳动教育的生态系统、学习框架和评价模型》，《创新人才教育》2020 年第 4 期，第 6～11 页；张伟：《新时代学校劳动教育质量的时代逻辑、发展要义与评价维度》，《教育科学论坛》2020 年第 7 期，第 3～9 页；曹飞：《中小学生劳动素养评价指标体系探析》，《劳动教育评论》2020 年第 1 辑，第 42～55 页；龚春燕、廖辉、梅永鲜：《新时代中小学劳动素养评价的历史逻辑与体系构建》，《劳动教育评论》2020 年第 2 辑，第 42～54 页；吴河江：《基于 WSR 系统方法论的劳动教育评价研究》，《课程教学研究》2020 年第 9 期，第 81～88 页；刘茂祥：《基于实践导引的中小学劳动教育评价研究》，《教育科学研究》2020 年第 2 期，第 18～23 页；方坚荣：《学校劳动教育督导评价要素探究》，《读与算》2020 年第 30 期，第 21～23 页；陈含笑、徐洁：《中小学劳动教育评价的意义、困境与对策》，《教师教育论坛》2020 年第 12 期，第 12～15 页；任国友、曲霞：《新时代高校劳动教育督导评价体系研究》，《劳动教育评论》2020 年第 1 辑，第 56～69 页。

整体评价。孟万金从"教—学—做—评"四位一体的教的过程性评价、"知—情—行（意）—评"四位一体的学的过程性评价和基于学生满意度的结果性综合评价三个方面，全面建构了评价劳动教育质量的模型框架。张伟从条件质量、过程质量、结果质量 3 个维度设计了包含 8 个内容板块 21 条具体指标的学校劳动教育质量评价体系。二是学生劳动素养评价。曹飞选取外部社会需要和内部心理品质两个视角设计学生劳动素养评价指标体系。外部社会需要视角以五育并举思想为依据，把劳动素养划分为德性劳动、智慧劳动、健康劳动、美感劳动和创新劳动共 5 个维度，每个维度都体现认知、情感和行为等要求；内部心理品质视角依据心理学中素养概念的普遍结构，把劳动素养划分为知识观念技能、情感态度和行为习惯 3 个维度，每个维度都体现德、智、体、美、创新等要求。两个视角是交叉互补的关系，既可分别独立也可合一，从而形成三套评价指标体系。龚春燕等从劳动素养（劳动观念、劳动能力、劳动习惯和劳动精神）、劳动内容（日常生活劳动、服务性劳动、生产劳动）、实践操作（方案设计、信息收集、工具使用、反思交流、问题解决、劳动成果）三个维度，设计了一个融劳动教育过程性评价和结果性评价为一体的劳动素养监测与评价模型。刘茂祥从劳动认知、劳动情感、劳动习惯、劳动能力和劳动精神五个维度建构了中小学生劳动素养评价指标体系。三是学校劳动教育督导评价。吴汉江运用 WSR 系统方法论，从物理、事理和人理三个维度提炼了对学校劳动教育督导评价的要素。方坚荣则从关注顶层设计、考核实施途径、督查保障机制三个方面分析了进行劳动教育督导评价的要素。任国友等设计了一个包含基础性指标（主要包括学校开展劳动教育的环境、专业和课程三类基础资源保障指标）、发展性指标（主要包括思政劳育和实践劳育两类代表学校深化劳动教育的核心价值观和实践拓展的指标）与创新性指标（主要包括学校开展特色劳动教育的一类指标）3 大项 6 大类 36 个督导项目的高校劳动教育督导评估体系。刘茂祥从劳动教育内涵认知、内容体系、载体创设、空间营造、师资队伍、质量保障和特色建设七个方面建构评价学校劳动教育实践的指标体系。

3.2.2 中小学劳动教育研究

2020 年聚焦于中小学阶段的劳动教育研究除大量经验介绍类文章外，也在实证调查和相关重要问题上进行了较为深入的研究。

3.2.2.1 中小学劳动教育现状调查

2020 年涌现了多项中小学劳动教育现状调查。[①] 这些调查几乎都是从教师、学生、家长、学校几方面来设计的，样本量多的达到 8000 多份，少的也有 300 多份，有的还配合了走访调研。

成都的调查显示：劳动技能方面，学生的一般性自理劳动掌握得不错，涉及使用工具类劳动掌握得较差；劳动意识方面，家长重视且支持学校进行劳动教育，但学生劳动意识需加强；家务劳动指导方面，大部分家长会给予指导，但指导方法和方式需要改进；劳动时间方面，小学生的劳动时间相对较短，认为自己每天劳动半小时以上的学生只有 19.06%；劳动内容方面，新时代创新劳动还未被大多数人接受。从劳动教育组织情况看，学校劳动教育意识强，有顶层设计；有特色，注重科研引领、板块划分和年段特质较明确，增添了时代特

---

① 叶筠、熊娜、郭娟娟：《城市小学劳动教育现状调查报告——以成都市锦江区公办小学为例》，《教育科学论坛》2020 年第 7 期，第 74~77 页；张贺丽：《菏泽市中小学劳动教育实效性的现状与对策研究》，《菏泽学院学报》2020 年第 1 期，第 53~57 页；浙江省教研室：《劳动教育的现状、问题和建议——2019 年浙江省中小学劳动教育调研报告》，《人民教育》2020 年第 1 期，第 15~19 页；邢若琳：《小学劳动教育实施现状调查研究——以石家庄市四所小学为例》，硕士学位论文，河北师范大学，2020；马晶晶：《小学生劳动教育现状调查研究——以沈阳市各区小学为例》，硕士学位论文，沈阳大学，2020。

点和区域特色等，但也存在劳动教育概念性强、落实不到位问题。大部分学校的劳动教育尚处于探索和搭建课程框架阶段，落地实施还不到位。

菏泽的调查显示：学校在实施劳动教育的过程中普遍存在重课堂教学，轻活动实践；重传统劳动教育，轻劳动教育创新；"重劳育"，轻"五育"融合发展；重学校教育，轻家庭、学校、社会协同推进；重模仿他人模式，轻本土化特色；重劳动教育表层功能，轻劳动习惯养成等问题。

浙江省教研室的大面积抽样调查显示：本省中小学劳动教育的认识基础良好，教师与家长普遍支持劳动教育开展；劳动教育的学校日常活动开展有序，家务劳动组织有序；学生劳动态度良好，日常劳动活动参与度高；学校劳动教育规划思路清晰，重视劳动教育全路径推动；学校劳动教育的外部环境良好，基地建设和行政督导都已先行一步。但也存在劳动教育推进的国家课程路径有待加强，学生的创造性劳动开展略显不足，学校劳动教育的运作机制有待完善，教师劳动教育的组织和指导能力亟待提升，实践基地建设需求未能很好满足等问题。

两篇硕士论文对石家庄和沈阳两地的调查显示：劳动教育相关课程没有被很好地纳入学校教学体系中，课程安排上要么没有显性的劳动课程，要么即使有也没有严格落实"平均每周不少于1课时"的要求；绝大多数学校没有专职劳动教师，课程推进和软硬件条件都不到位；劳动教育资源保障还未落到实处，大多数学校没有稳定的校内外劳动实践基地；没有相关实践基地的学校中，县、镇、乡学校又占绝大多数，说明农村地区劳动教育资源统筹与保障机制更加薄弱。

3.2.2.2 劳动教育与综合实践

《大中小学劳动教育指导纲要（试行）》中指出："中小学劳动教

育必修课实践环节中与综合实践活动的社会服务、设计制作、职业体验重叠部分，可整合实施。"因此，正确认识和处理二者的关系问题成为学者关注的话题。① 学者们普遍认为，综合实践活动课程与劳动教育的目标不同：前者重在培养学生正确的劳动价值观和良好的劳动品质，后者重在转变学生学习方式，提升学生的综合素质。但二者息息相关，都强调实践育人、知行合一。综合实践活动课程的"实践性"秉承了马克思主义劳动实践观，综合实践活动课程的"综合性"体现了劳动教育"手脑并用"的特征，综合实践活动课程的"具身性"有利于"知行合一"劳动价值观的培养。无论劳动教育是单独设立课程，还是与其他学科融合实施，综合实践活动课程都是落实劳动教育的重要载体。但因二者目标不同，有意识地将劳动教育目标嵌入综合实践活动课程目标，是综合实践活动课程整合实施劳动教育的前提。

3.2.2.3 劳动教育课程化

劳动教育课程化就是以实现劳动教育目标为核心进行有目的、有计划、有组织的课程设计与安排。多位学者强调②，中小学劳动教育问题的症结在于对劳动教育的定位不清，要么将其视为其他学科课程的辅助或附庸，要么作为课外活动的代名词。优化中小学劳动教育，

---

① 雷丽珠、易骏：《综合实践活动视角下的小学劳动教育》，《教学与管理》2020年第35期，第26~28页；冯新瑞：《劳动教育与综合实践活动课程的关系》，《基础教育课程》2020年第13期，第4~9页；方凌雁：《意义·目标·路径：劳动教育与综合实践活动课程的统整实施》，《基础教育课程》2020年第13期，第10~16页；谢旭军、任燕：《以综合实践活动承载新时代劳动教育》，《基础教育研究》2020年第22期，第13~14页。

② 侯红梅、顾建军：《我国小学劳动教育课程的时代意蕴与建构》，《课程·教材·教法》2020年第2期，第4~11页；王清涛：《中小学劳动教育课程化：价值意蕴、现实困境与路径选择》，《教育导刊》2020年第9期，第21~27页；张荣晋：《新时代小学劳动教育课程化的原因、价值意蕴与实践路径》，《教育观察》2020年第9期，第43~45页。

首先要赋予其"课程"地位。劳动教育课程化是实现劳动教育综合育人价值的题中应有之义，也是保证劳动教育科学性、规范性的根本遵循。目前，中小学劳动教育课程化实施面临着思想观念难以更新、师资力量难以达标及相关制度建设缺位等现实问题。因此，必须革新教育理念，完善制度建设，加强师资培训，统筹各方资源，以推动中小学劳动教育课程化实施，保证其常态而有效地开展。在劳动教育课程内容设计上，应做到与学习融通，坚持教劳结合思想内涵的根本遵循；与生活沟通，深掘"具身性"劳动教育情境；与社会联结，彰显劳动教育的时代价值；与国际接轨，坚守本土化与国际化的有机结合；与未来同向，实现"完人"培养过程和目的的统一。在实践路径上，需建构培养劳动素养、培育时代新人的课程目标，统整家庭、学校、社会资源确定课程内容，推进主题驱动、跨学科融合的课程实施，实行静态与动态相结合的课程评价。

3.2.3 职业院校劳动教育研究

2020年职业院校劳动教育研究涉及职业院校劳动教育重要意义、存在问题、实施体系、保障机制等各个方面，并出现了两个明显不同于其他学段的研究领域。

3.2.3.1 职业院校劳动教育的特殊性

学者们一般认为，劳动教育是职业教育的基础教育，是培养劳动精神、劳模精神、工匠精神、敬业精神的基础教育[1]，是职业教育的根脉和本源[2]。在职业教育中加强劳动教育，是重塑劳动教育价值

---

① 仇志芬：《新时代高等职业教育"劳动育人"的困境与对策》，《知识经济》2020年第12期，第81~83页。

② 王博：《职业院校人才培养加强工匠精神淬炼的实践研究——基于劳动教育的视角》，《营销界》2020年第31期，第104~105页。

最理想的"试验田"，是培养高素质技术技能型人才的基础条件，是筑牢中小学劳动教育实践基地的基本要求。① 职业院校开展劳动教育具有直接性、专业性、职业性和多主体性特点，对于学生职业理想形成、职业素质养成、职业技能发展和"三教"改革深化都具有不可或缺的作用。因此，职业院校的劳动教育不是简单地打上一个"补丁"，而是要让劳动教育成为实现人才培养目标的"凝结剂"、职业教育"三教"改革的"催化剂"、构建现代职教体系的"强化剂"。② 职业院校劳动教育应更加注重学生正确劳动价值观的树立、技术技能的提高、劳动素养的提升、工匠精神的培育和社会实践锻炼。③ 在实施体系建构上，要重塑劳动价值导向，强化个体化劳动情感认同；摆脱路径固化，探索多样化劳动教育实践路径；补齐评价短板，构建常态化劳动教育质量保障体系；聚焦劳模人物，塑造和谐化社会劳动环境等，彰显与强化劳动教育价值。④ 在考评考核上，应该更突出培养"职业人"的特点，强调对职业岗位的敬畏感、对技术工具的使用和对技术流程的实践、对技术创新的感知等。⑤

3.2.3.2 以职业院校优势推动中小学劳动教育

多位学者就发挥职业院校优势参与、推动中小学劳动教育问题进

---

① 毛平：《新时代高职院校劳动教育实施体系构建思路探析》，《思想理论教育导刊》2020 年第 5 期，第 120 ~ 123 页。
② 崔发周：《职业院校劳动教育的基本功能与有效形式》，《职教论坛》2020 年第 8 期，第 38 ~ 43 页。
③ 梅纪萍：《职业院校劳动教育内涵特质与实践路径研究》，《中国职业技术教育》2020 年第 23 期，第 30 ~ 33 页。
④ 杨秋月：《新时代职业院校劳动教育的价值逻辑：应然、异化及回归》，《高等职业教育探索》2020 年第 1 期，第 9 ~ 14 页。
⑤ 李鹏：《高职劳动教育考核与评价研究》，《人民论坛》2020 年第 8 期，第 112 ~ 113 页。

行了深入思考。[①] 学者们认为，职业院校深度参与，既是新时代中小学劳动教育的基本要求，也是破解当前中小学劳动教育现存问题的必然要求，更是职业院校社会服务功能的积极延伸。职业院校在参与中小学劳动教育资源供给方面具有社会属性鲜明、劳动价值深远，职业体系完备、供给资源充沛，教育要素相当、对接适切性强等突出优势。职业院校应发挥自身优势和资源，通过"劳动教育课程体系贯通、劳动实践活动联动、劳动教育资源共享"三重维度参与中小学劳动教育，丰富社会服务内涵，扩展社会服务外延。政府应建立健全责权利统一机制、激励机制、保障机制、监督机制，为职业院校参与中小学劳动教育提供良好的外部环境和体制机制保障。

不少职业院校已开始参与中小学劳动教育的积极探索。北京市昌平职业学校发挥自身优势，构建了课程研发、实践服务、实施保障"三位一体"的区域中小学劳动教育服务体系，成为该区中小学劳动教育的显著特色。[②] 其具体做法是：加强统筹资源，成立区域中小学劳动教育课程服务中心，建立中小学劳动教育共建共享机制；发挥专业师资和课程优势，明确中小学不同学段劳动教育的目标和能力要求，系统构建"食、礼、传、耕、创、数"劳动六艺课程；通过"基地上课""送课到校""职业主题研学""线上劳动教育"等途径，满足中小学劳动教育的个性化需求。北京农业职业学院也充分发

---

① 林克松、熊晴：《职业院校联合中小学开展劳动教育：逻辑、向度与机制》，《教育与职业》2020 年第 1 期，第 28～33 页；胡瑞霞、常雪娇、郭岩：《职业学校联合中小学开展劳动和职业启蒙教育的路径研究》，《长江丛刊》2020 年第 2 期，第 173～177 页；黄琦、屠明将：《职业院校参与中小学劳动教育资源供给的思考》，《教育与职业》2020 年第 21 期，第 104～107 页；刘严宁：《中小学劳动教育难题破解的必然选择：高等职业院校深度参与》，《现代基础教育研究》2020 年第 6 期，第 11～16 页。

② 段福生、张建飞、左欣：《发挥区域职教资源优势 构建中小学劳动教育课程体系》，《中小学管理》2020 年第 4 期，第 19～21 页。

挥涉农专业优势和广阔的农业实践基地优势，把自身打造成为北京市中学生学农教育的重要教育基地，对接中学生基础知识和认知水平，开发出以"基本生活技能、传统种植养殖、现代农业、农职特色"等模块为主的必修课程，以"农业创意、生活技能、知识拓展"等模块为主的选修课程，两大类共计90多门课程。[①]

3.2.4 高校劳动教育研究

3.2.4.1 高校劳动教育的历史、现状与走向

汪萍的研究发现，我国高校劳动教育在长期的历史发展过程中形成了一条主线（"教劳结合"思想）、两个结合（与社会实践和思想政治教育相结合）、三维目标（劳动知识目标、劳动技能目标、劳动情感与价值观目标）、四条路径（生产劳动、产学研三结合、勤工俭学、公益劳动）的基本经验，也出现了外在服务性目的明显、内驱力及内在发展性思考不足，生产劳动融于社会实践过程中去中心化，劳动教育仍为"短板"且与中小学接续"断档"等问题。[②]

就现状看，众多学者[③]认为，高校劳动教育存在内涵模糊，劳动育人价值淡化；目标认识浅薄，课程体系尚待完善；劳动文化偏弱，以文化人氛围淡化；制度建设滞后，督导评价体系不全；把劳动教育简单等同于劳动活动，忽略在劳动过程中开展劳动观念、劳动情感、

---

① 徐英岚：《职业院校开发中学生学农教育课程探索》，《职业教育》（评论版）2020年第24期，第94~96页。
② 汪萍：《高校劳动教育的发展历程、基本经验与进路选择》，《黑龙江高教研究》2020年第12期，第12~16页。
③ 陈永清、郑芳：《高等院校劳动教育课程体系建构探索》，《福建商学院学报》2020年第5期，第96~100页；张毅哲：《高校提升大学生劳动教育质量的价值考量及推进思路》，《佳木斯职业学院学报》2020年第9期，第150~151、154页；尤丽佳、张永翙：《高校提升劳动教育实效性的原则及方法》，《廊坊师范学院学报》（社会科学版）2020年第4期，第125~128页。

劳动习惯教育；劳动课程的开设缺乏计划性、系统性和连续性，课程内容不全面、缺少衔接性；劳动教育方式单一，只依靠几次临时性、短期性的校内集体劳动安排进行劳动教育，缺乏持续性设计等问题。

多项实证调查①也发现，高校劳动教育实施中，政府层面存在宣传不到位、鼓励性行动不足问题。高校层面存在对劳动教育重视程度不高问题，开展劳动教育的高校比例仅为 16.4%；劳动教育的内容陈旧、系统性有待加强，与社会发展和学生生活相脱节，且生产劳动活动明显偏少；劳动教育实践存在娱乐化现象，缺乏系统组织、长期计划；简单将专业实习、暑期社会实践视为劳动教育；注重劳动技能传授，忽视劳动观念和情感培养；劳动实践基地和场所不足，远远无法满足劳动教育实践需求；对劳动价值观、劳动人民形象及劳动事迹的直接宣传较少；劳动教育资源分配不合理，载体分散化，管理机制虚化、职能软化等问题。教师层面存在对劳动教育内涵和目标把握不准，将劳动教育混同于专业实践或社会实践以及囿于职业技能培训、体力训练与说教的现象。学生层面存在劳动意识淡漠；劳动价值观功利性强、知行不一；对劳动价值的认知较为肤浅，更多关注劳动所带来的物质价值，未能充分认识到劳动背后的个人精神价值和社会价值等问题。

在高校劳动教育的建构走向上，刘向兵提出要准确把握新时代劳动教育价值的系统性、推进的贯通性、课程的重要性和实施的时代

---

① 刘璐：《当代大学生劳动教育开展的现状与路径创新探讨》，《山西青年职业学院学报》2020 年第 2 期，第 33～35、39 页；王飞、车丽娜、孙宽宁：《我国高校劳动教育现状及反思》，《中国大学教学》2020 年第 9 期，第 75～79、85 页；张拥军、李剑、徐润成：《新时代大学生劳动教育现状及认知影响因素研究》，《思想教育研究》2020 年第 6 期，第 151～155 页；乐晓蓉、胡蕾：《新时代高校劳动教育的价值考量与整体推进》，《思想理论教育》2020 年第 5 期，第 96～101页。

性，进行全面系统设计，开创高校劳动教育新局面。① 周光礼认为，应以劳动教育联结高等教育与工作世界，紧密对接未来劳动发展趋势和产业结构调整，积极布局学科专业体系，大力发展新工科、新农科、新医科、新文科、新理科，大力推进高等教育人才培养模式改革，持续深化创新创业教育和产教融合，培养适应未来社会发展变化的复合型、创新型专业人才。② 赵明霏等提出应处理好五对关系：劳动教育与其他四育的关系、做好增量（开好劳动教育必修课程）与优化存量（劳动教育与产教融合、实习实训、创新创业、社会实践、志愿服务、校园文化建设等有机结合）的关系、知与行的关系、第一课堂与第二课堂的关系以及引导与评价的关系。③

3.2.4.2 高校劳动教育与已有育人机制的结合

多位学者④探讨了劳动教育与"三全育人"的内在联系，认为"三全育人"构筑了推进劳动教育的三维空间，劳动教育是构建"三全育人"体系的重要探索。推进高校劳动教育要全员参与，加强劳育队伍建设，动员多方育人力量参与，营造劳育浓厚氛围，形成育人合力；要全过程渗透，建立长效育人机制，保证劳育连贯性与整体性；要全方位融合，构建学校、家庭、社会联动的育人格局，课上、课下互促互补的劳育体系，线上、线下相互融合的劳育平台。

---

① 刘向兵：《开创高校劳动教育新局面》，《中国教育报》2020年4月1日。
② 周光礼：《劳动教育：高水平人才培养体系的重要一环》，《光明日报》2020年7月28日。
③ 赵明霏、李珂：《高校加强新时代劳动教育需处理好几对关系》，《中国高等教育》2020年第9期，第4~5、53页。
④ 强娇娇、雷蕾、张磊：《"三全育人"理念下高校劳动教育的新路向》，《绥化学院学报》2020年第12期，第130~132页；方蕾、刘艳晴：《"三全育人"视域下高校劳动教育践行机制研究》，《教育教学论坛》2020年第5期，第125~128页；王朕、赖世海：《"三全育人"视域下加强大学生劳动教育的路径》，《开封教育学院学报》2020年第12期，第120~121页。

关于劳动教育与双创（或三创）的结合，学者们普遍认为[①]，二者在教育目标、教育内容、教育方式、教学师资上具有天然的耦合关系，但实践中存在二者融合发展的认识淡化、社会协调机制僵化、实施过程虚化、课程设置固化、劳动价值影响弱化等问题，应从同构共生的系统思维出发，通过"进阶式"教育目标设计、"呼应式"课程体系设置、"贯通性"实践体验训练、"一体化"师资队伍建设，实现二者紧密结合、双向深化。

关于劳动教育与思政教育的结合也有较多研究。[②] 达成的基本共识是，劳动教育在价值目标、教育内容、教育途径和方法上都与思想政治教育具有高度的契合性，应以课程思政建设为载体推进劳动教育，并探索劳动教育与思政理论课教学的融合。应在思想政治理论课中突出劳动教育，用马克思主义劳动观奠定学生"三观"的根基，用习近平新时代中国特色社会主义思想引领学生价值取向，用劳模风范、工匠精神增强学生的创业意志。

[①] 刘丽红、曲霞：《论高校创新创业教育与劳动教育的同构共生》，《中国青年社会科学》2020 年第 1 期，第 103 ~ 109 页；许涛、刘丽红：《新时代高校劳动教育与创新创业教育融合机制探析》，《创新与创业教育》2020 年第 3 期，第 27 ~ 32 页；许吉团、林有德：《高校"三创"教育与劳动教育功能耦合及优化》，《豫章师范学院学报》2020 年第 6 期，第 11 ~ 14 页；董敬文：《探究高校劳动教育与创新创业教育的融合共生》，《海峡科技与产业》2020 年第 10 期，第 23 ~ 24、57 页。

[②] 黄春、刘爱华：《论劳动教育与高校思政教育的内在契合性及其有机结合》，《渭南师范学院学报》2020 年第 11 期，第 8 ~ 14 页；张晓岚：《浅析高校思想政治教育中的劳动教育》，《浙江工商职业技术学院学报》2020 年第 3 期，第 83 ~ 85 页；胡艾筠：《浅析劳动教育融入高校思政课教学中的价值与应用》，《科技咨询》2020 年第 34 期，第 144 ~ 148 页；管婷婷：《新时代劳动教育融入高校思政课的创新研究》，《教育观察》2020 年第 45 期，第 35 ~ 38 页；马喜宁：《新时代劳动教育与高校思想政治教育有机融合的路径探析》，《中国劳动关系学院学报》2020 年第 6 期，第 55 ~ 62 页。

关于劳动教育与专业教育结合的研究①，基本上是以具体专业或课程为案例展开的，如风景园林类、服务类、艺术设计类、通信工程类等，缺乏劳动教育与专业教育结合的普遍性理论研究。相关研究达成的共识是：专业教育是高校劳动教育的主渠道，高校要结合专业学习，强化专业劳动精神和劳动伦理的培育；聚焦创新性劳动能力培养，改进专业教育模式；加强实习实训，固化学生劳动实践能力。

部分研究涉及将劳动教育融入后勤管理服务和资助育人体系的思考。王强等提出"后勤学校"构想，主张高校以大学生素质教育拓展和"三全育人"体系构建为目标，由后勤部门发起并建立，以后勤服务保障专业知识和人文素养为教学内容，以后勤部门人员为教学主体，以在校学生为教育对象的，有目标、有组织、有计划的新型劳动教育体系。② 王双佳等从开放劳动岗位、树立劳动观念，策划专题活动、形成劳动习惯，设置劳动课程、培养劳动精神三方面介绍了北京大学医学部后勤开展劳动教育的实践探索。③ 孙倩茹分析了劳动教育

---

① 肖冰、刘小冬：《大学劳动教育基本建设与人才培养方案优化》，《韶关学院学报·教育科学》2020 年第 5 期，第 104 ~ 106 页；刘玉方、曲霞、田守雷：《为劳动教育赋能开创高校劳动教育新格局》，《中国高等教育》2020 年第 15/16 期，第 12 ~ 14 页；党印、咸丽楠：《服务业人才培养中融入劳动教育的内在逻辑与现实路径》，《劳动教育评论》2020 年第 3 辑，第 145 ~ 160 页；杨鑫刚：《浅议将劳动教育融入高校的专业课程教育》，《现代职业教育》2020 年第 44 期，第 48 ~ 49 页；鲁曼：《劳动教育在艺术设计专业项目化教学改革研究》，《科技风》2020 年第 17 期，第 89 页；孙元、付淑敏：《新工科背景下劳动教育与专业教育融合研究》，《湖南第一师范学院学报》2020 年第 2 期，第 64 ~ 67 页。

② 王强、田备、方正泉：《后勤学校——新时代高校劳动教育功能实现新途径》，《高校后勤研究》2020 年第 2 期，第 5 ~ 7 页。

③ 王双佳、赵成知、王运生、罗昊：《新时代高校后勤与劳动教育的实践创新》，《学校党建与思想教育》2020 年第 5 期，第 82 ~ 84 页。

对高校家庭经济困难学生的特殊意义，提出了以涵育劳动精神为中心、以增强劳动实践为导向、以提升劳动技能为关键的资助育人实施路径。①

3.2.4.3 高校劳动教育的课程体系建构

高校劳动教育课程体系建构问题受到广泛关注。赵健杰等专门论述了高校劳动教育必修课程建设的必要性、基本要求与教材建设。②王琳等认为，应建构三类劳动教育课程：以学科知识、劳动观念为主的认知类课程；以劳动技能、实践体验为主的实践类课程；以实验研究、探索创新为主的创新类课程，如与创新创业相结合的课程。③ 周光礼也强调了三类劳动教育课程：在教学计划中专门开设劳动教育通识课，包括劳动教育通论课、劳动专题讲座等；与劳动教育相关的实践课程，包括探究式、项目式、归纳式以及创新性劳动实践活动；实现劳动教育与专业教育深度融合，推动大学课程从传统的以知识传授为中心的课程体系向培养学生应对真实世界能力为中心的课程体系转变。④ 卢晓东等按照显性和隐性两元划分，考虑学校、社会和家庭三种场域，提出两大类、五大项大学劳动教育课程：专门设置的劳动教育显性课程，融入学科专业的劳动教育显性课程，校内劳动教育实践类隐性课程，校园文化机制建设类隐性课程，社会真实劳动机会拓展

---

① 孙倩茹：《新时代劳动教育视域下高校资助育人路径探析》，《学校党建与思想研究》（高教版）2020年第9期，第85~88页。

② 赵健杰、刘向兵：《论新时代高校劳动教育的课程建设》，《北京教育》（高教版）2020年第2期，第14~17页。

③ 王琳、张新成、何晓倩：《新时代高校劳动教育课程体系构建路径》，《山东工会论坛》2020年第3期，第93~101页。

④ 周光礼：《劳动教育：高水平人才培养体系的重要一环》，《光明日报》2020年7月28日。

类隐性课程。[①] 刘向兵等从知识整体论的角度提出了五大类课程：思政劳育课程，用好思想政治理论课堂加强"活性劳动知识"的学习，强化劳动教育的道德引领和精神塑造；专业劳育课程，将劳动教育融入专业课堂教学和实习实训中，强化"理性劳动知识"和"感性劳动知识"学习，掌握专业劳动技能，强化专业认同感与专业伦理意识；实践劳育课程，通过广泛的校内外实践活动引导学生将"理性劳动知识"转化为"活性劳动知识"，提高劳动能力，强化劳动精神，内化劳动价值观；专门的劳动教育必修课程，系统加强马克思主义劳动观教育，普及与学生职业发展密切相关的通用劳动科学知识。最后，通过学术劳育，加强劳动教育的学科建设与科学研究，为劳动教育的实施推进提供学理支撑。[②]

3.3　评析：在凝聚共识的基础上深化研究

2020 年中国劳动教育研究盛况空前，成果数量和质量都有明显提升，研究内容涉及全面加强新时代大中小学劳动教育的各方面问题，既有深度的历史经验总结，又有全面的实施现状调查；既有经验性总结和介绍性文章，也涌现了大量有较强理论思考的学术性论文。但相关研究也暴露出以下不足。一是研究内容更多聚焦劳动教育的实施推进本身，对劳动教育保障体系和督导评价体系研究的数量和质量明显不足。二是研究中存在明显的概念混淆现象，如劳动教育体系、劳动教育课程体系、劳动教育实施体系等概念混淆使用界定不清。三是对

---

① 卢晓东、曲霞：《大学劳动教育课程框架、特征与实施关键：基于劳动要素的理论视野》，《中国大学教学》2020 年第 2～3 期，第 8～16 页。

② 刘向兵、赵明霏：《构建新时代高校劳动教育体系的理论逻辑与实践路径——基于知识整体理论的视角》，《中国高教研究》2020 年第 8 期，第 62～66 页。

学校劳动教育关注多，对家庭劳动教育和社会劳动教育关注少，更缺乏对三者协同机制的深度研究。四是研究表现出明显的问题导向，关注劳动教育推进实施中现实问题的解决，但相关基础理论研究薄弱，导致研究结论多止步于就事论事的浅层分析。这些不足指明了今后劳动教育研究应进一步努力的方向。

4 研讨交流：劳动教育研讨精彩纷呈

4.1 各级各类会议陆续举办

根据中国劳动关系学院劳动教育管理研究生班同学全网搜索统计，2020年在全国共召开各级各类劳动教育会议42次。其中，基础教育举办会议16次，职业教育举办会议12次，普通高等教育举办会议14次（见表4-1）。

表4-1 2020年劳动教育相关研讨会统计

序号	会议名称	时间	主办方	会议形式	地点	教育分类
1	深入领会《关于全面加强新时代大中小学劳动教育的意见》线上学习研讨会	3月底	华东师范大学基础教育改革与发展研究所五育融合研究中心	视频会议	上海	普通高等教育
2	劳动教育课程建设研讨会	4月1日	宁波卫生职业技术学院	研讨会	浙江	职业教育
3	劳动教育组织实施研讨会	4月2日	广西职业技术学院	研讨会	广西	职业教育
4	劳动教育网络研讨活动	4月20日	黑龙江省教育厅	网络直播	黑龙江	基础教育

续表

序号	会议名称	时间	主办方	会议形式	地点	教育分类
5	齐河县中小学劳动技术校外教育实践基地建设及教学资源开发研讨会	5月14日	齐河县职业中等专业学校	研讨会	山东齐河	基础教育
6	广东中小学劳动教育座谈会	5月15日	广东省教育厅	座谈会	广东	基础教育
7	本科高校教师学生劳动教育座谈会	5月15日	浙江省教育厅	座谈会	浙江理工大学	普通高等教育
8	劳动教育教学研讨会	5月22日	天津轻工职业技术学院	研讨会	天津	职业教育
8	浙江省中小学实践基地劳动教育教研会	5月22日	衢州市中小学素质教育实践学校	视频会议	浙江	基础教育
10	环县职专工学活动总结暨劳动教育大会	6月18日	环县职业中等专业学校	全体大会	甘肃	职业教育
11	杭州市萧山区中小学劳动教育专题工作会议	6月19日	萧山区教育局	推进会	杭州	基础教育
12	成都市武侯区中小学劳动教育推进会	6月29日	成都市武侯区教育局	推进会	成都武侯	基础教育
13	河南省大中小学劳动教育研讨会	8月6日	河南省教育厅	研讨会	郑州	基础教育
14	新时代高校劳动教育实施体系建构报告会	8月21日	中国劳动关系学院	研讨会	中国劳动关系学院	普通高等教育

续表

序号	会议名称	时间	主办方	会议形式	地点	教育分类
15	新时代劳动教育理论与实践研讨会暨《劳动教育论要》新书发布会	8月26日	北京师范大学	研讨会	北京师范大学	普通高等教育
16	云南省中小学劳动教育推进会	9月16日	云南省教育厅	视频会议	云南	基础教育
17	德阳市中小学劳动教育工作会暨骨干教师培训会	9月22日	德阳市教育局	培训会	德阳	基础教育
18	石家庄市劳动教育现场会暨劳动教育培训班	9月28日	石家庄市教委	座谈会	河北	基础教育
19	江油市中小学劳动教育实践基地管理工作会	9月29日	江油市教体局	座谈会	四川	基础教育
20	2020级学生劳动教育线上会议	10月13日	山东公路技术学院信息与管理工程系	视频会议	山东	职业教育
21	2020年江苏省职业院校"劳动教育"研讨会	10月16日	江苏旅游职业学院	研讨会	江苏	职业教育
22	德智体美劳融合教育之劳动教育研讨会	10月22日	茂名职业技术学院	研讨会	广东	职业教育
23	"劳动教育管理"研究生（公共管理硕士）项目启动暨劳动教育专业人才培养研讨会	10月24日	中国劳动关系学院	研讨会	中国劳动关系学院	普通高等教育

续表

序号	会议名称	时间	主办方	会议形式	地点	教育分类
24	泰兴市全市中小学劳动教育现场推进会	10月28日	泰兴市教育局	推进会	泰兴	基础教育
25	2020年高校劳动教育理论与教学高级研讨会	10月31日~11月1日	中国劳动关系学院、池州学院、高等教育出版社	研讨会	池州学院	普通高等教育
26	江苏省高职院校劳动教育研讨会	11月6日	江苏省高等教育学会、江苏省高校教材管理工作委员会	研讨会	江苏	职业教育
27	彭州市中小学劳动教育隆丰中学联盟会议	11月6日	联盟牵头学校组织	教育联盟会议	成都	基础教育
28	"深化校企合作、推动劳动教育"专题研讨会	11月11日	常州工业职业技术学院	研讨会	江苏	职业教育
29	职业素养教育、劳动教育专题研讨会	11月18日	北京财贸职业学院	研讨会	北京	职业教育
30	《劳动教育论》新书发布会暨"新时代的劳动教育"研讨会	11月20日	教育科学出版社	研讨会	中国劳动关系学院	普通高等教育
31	全国劳动教育发展论坛	11月21~22日	中国德育杂志社、中国教育科学研究院课教学研究所、青岛市教育科学研究院	论坛	青岛城阳	普通高等教育

续表

序号	会议名称	时间	主办方	会议形式	地点	教育分类
32	宁波市中小学劳动教育现场推进会	11月25日	宁波市教育局	推进会	宁波	基础教育
33	首届中国大中小学劳动教育峰会暨重庆市未成年人劳动教育联盟成立大会	11月27~28日	中国劳动关系学院、重庆市委宣传部等	教育峰会	重庆	普通高等教育
34	第二届新时代财经高校大学生劳动教育论坛	11月27日	西南财经大学	论坛	西南财经大学	普通高等教育
35	2020年湖南省大中小学劳动教育论坛	11月27日	长沙市教育局	论坛	长沙	普通高等教育
36	2020年高等学校劳动教育课程教学与实践高级研讨会	11月28日	中国劳动关系学院、广东省高等学校教学管理学会、高等教育出版社	研讨会	广州	普通高等教育
37	平湖市中小学劳动教育推进会	12月2日	平湖市教育局	推进会	嘉兴	基础教育
38	劳动教育实施方案研讨会	12月4日	辽宁机电职业技术学院	研讨会	辽宁	职业教育
39	职业院校劳动教育课程建设与教学实施研讨会	12月12日	国家教材建设重点研究基地（职业教育教材建设和管理政策）主办、高等教育出版社承办	研讨会	上海	职业教育

序号	会议名称	时间	主办方	会议形式	地点	教育分类
40	"新时代中国特色社会主义劳动教育的理论与实践"全国学术研讨会	12月19日	厦门大学	研讨会	厦门大学	普通高等教育
41	黑龙江省中小学劳动教育现场推进会议	12月28日	黑龙江省教育厅	视频会议	黑龙江	基础教育
42	全国第二届"五育融合"研究论坛	12月28日	华东师范大学基础教育改革与发展研究所、上海市金山区教育局	研讨会	上海	普通高等教育

资料来源：中国劳动关系学院劳动教育中心"中国大中小学劳动教育数据库"。

在会议时间方面，基础教育的会议主要在第二、第三季度，职业院校的会议零散分布在全年，普通高等教育的会议大多集中在第四季度。总体而言，劳动教育的会议吸引了大量教育主管部门和各级各类学校教师，劳动教育作为综合育人体系的重要组成部分，受到了各级各类学校的高度重视。

4.2　不同学段会议侧重不同主题

4.2.1　基础教育：从小培养劳动观

基础教育的相关会议较多，分布的区域也较广，全国多省市召开了相关会议。其中关于劳动教育的推进会共计7次，关于劳动教育内容的研讨会（或交流会）共计 5 次，关于劳动教育实验基地及专项教师培训会议 3 次，关于成立劳动教育联盟相关会议 1 次。基础教育会议的内容主要集中于如何推进劳动教育，议题包括中小学劳动教育教什么、怎么教，劳动教育与研学旅行的结合等。新时代有许多新兴的劳动形式，日常生活劳动、生产劳动和服务性劳动中如何推陈出新，让学生对劳动感兴趣，从小树立正确的劳动观，是会议讨论中出现多次的议题。

相关会议中，各位专家形成的共识是，当代青少年是担当民族复兴大任的一代人，加强大中小学劳动教育，是培养时代新人的内在要求，是培育和践行社会主义核心价值观的必然路径。基础教育作为教育体系的最起始环节，具有启蒙的重要作用。基础教育也关乎人生的第一粒扣子，要从一开始就要扣好。在基础教育阶段，劳动教育的开展一定要把握好方向，树立正确的劳动观，养成良好的劳动习惯。小学和中学的劳动教育需各有侧重。小学的学生应当注重基本生活技能、劳动意识和劳动习惯的培养，中学阶段侧重培养劳动技能、劳动价值观、劳动精神。当前实施劳动教育的重点是在系统的文化知识学习之外，有目的、有计划地组织学生参加日常生活劳动、生产劳动和服务性劳动，让学生动手实践、出力流汗，接受锻炼、磨炼意志，培养学生正确的劳动价值观和良好的劳动品质。

在具体实施中，劳动教育已被中共中央、国务院列为大中小学学生的必修课，因此，需作为基础教育体系中的独立学科明确下来，进一步需要形成一个连续的，从小学到中学，从劳动习惯培养、劳动意识培养、劳动观念教育到更高层次劳动教育的综合体系。要从"育人"的高度去理解与实施劳动教育，在传承中努力实现劳动教育的创新实践，在"劳动最美"理念的指引下，构建"劳动最美"整体课程体系。在劳动教育日常管理上强调"制度化"，通过制度约束强化劳动教学管理的规范性，开齐开足开好劳动教育课程。新时代劳动教育必须遵循教育规律，遵循学生的身心成长规律，符合学生年龄特点，以体力劳动为主，注意手脑并用、安全适度。根据不同阶段的学生特点进行系统设计。

4.2.2　职业教育：打造劳动教育的专业版

职业教育的会议共 12 次，其中关于劳动教育的实施研讨会共计 9 次，劳动教育课程建设与课程实施会议 1 次，校企间合作推进劳动教育内容会议 1 次，学生之间座谈会 1 次。

在各类会议中，与会专家的基本共识是，职业教育主要培养有一定技术专长的产业工人，就场地而言，职业院校富有进行劳动教育的广泛的场地；就师资而言，职业院校 3/4 的师资是双师型教师，动手能力较强；就课程体系而言，职业教育本身就强调专业实训和实践，中间有许多与劳动有关的内容。因此，职业院校人才培养中有大量的劳动教育内容，职业教育是劳动教育的专业版。

职业院校劳动教育的一个难题是学生顶岗实习后从事本专业的热情有所下降，劳动精神、劳动品质、劳动素养的教育仍然薄弱，需要进一步强化。在育人导向方面，各类职业院校需要围绕劳动教育的基本理念，强化劳动观念，弘扬劳动精神；强调身心参与，注重手脑并用；继承优良传统，彰显时代特征；发挥主体作用，激发创新创造。在育人环节方面，各类职业院校需要强化课程劳育、专业劳育，以及顶岗实习过程中的劳动教育。在实施体系方面，一些院校在调研、培训、交流的基础上，编写了实践性较强、质量较高的劳动教育教材，初步构建了以劳动教育课程与劳动周、志愿服务、寒暑假期社会实践、毕业前顶岗实习相结合的劳动教育实施体系，形成了学院的劳动教育实施方案。

职业院校要发挥对其他学段劳动教育的示范作用。需要开阔思路、抓住机遇，建立健全开放共享机制，与邻近的各级各类学校共用场地、共享师资，积极服务好本地区大中小学校实施劳动教育。

4.2.3　高等教育：研讨中的劳动教育

普通高等教育关于劳动教育的会议 14 次，会议主题较为分散，其中大学生劳动教育的相关论坛和座谈会 3 次，关于劳动教育教育理论与教学相关会议 3 次，大中小学劳动教育的内容会议 3 次，新时代劳动教育相关内容会议 2 次，劳动教育知识体系建构、专业人才培养、在基础教育中改革与发展中的作用方面的会议各 1 次。

如果说基础教育的劳动教育会议内容集中在如何开展层面，那么普通高等教育的劳动教育会议就是更多地集中在指导和研究层面，包括对劳动教育育人功能的认识、对《意见》和《纲要》精神的理解和解读、贯彻落实《意见》和《纲要》精神的配套政策体系，高等院校如何开展劳动教育等。

各类会议中，专家学者的基本共识是，普通高等教育在进行劳动教育的过程中要坚持中国特色社会主义教育发展道路，坚持社会主义办学方向，高度重视劳动教育在人才培养中的地位与作用，培养德智体美劳全面发展的社会主义建设者和接班人，努力办好人民满意的教育。不断促进劳动教育的改革与发展，进一步助力高校劳动教育研究取得新成果，共同为高校劳动教育理论与教学研究的发展作出应有的贡献。

在劳动教育的实施方面，与会人员一方面关注单个学校如何在课程、校内外活动方面推进落实劳动教育，另一方面也探讨各学校的校际交流与合作，希望将相关的研讨会变为高校劳动教育交流与合作的品牌项目，为更多高校提供展示劳动教育的深度思考与先进经验的高端平台，切实发挥高等教育的创新、示范和引领作用。

普通高等教育的会议中，也有就劳动教育最新著作或教材的研讨交流活动，这一点是其他学段会议中所不具备的。高等教育承担着创造知识、引领和服务社会的使命。劳动教育理论研究的薄弱制约着实践的步伐和成效，劳动教育通识教材的缺乏制约着劳动教育通识课程的开设。一些研讨会发布劳动教育的最新著作或教材，为各学校深入研讨、推进、落实劳动教育提供了有益参考。

4.3　评析：会议凝聚智慧促进交流

除了以上明确为不同学段的劳动教育会议外，也有一些会议同时涵盖多个学段，比如 2020 年 11 月底在重庆召开的"首届中国大中小学劳动教育峰会暨重庆市未成年人劳动教育联盟成立大会"，来自政府、高校、职业院校和中小学的多位领导和专家学者参与，共同探讨新时代背景下劳动教育的新使命和新任务，共话劳动教育未来样态与实践路径。

总体而言，劳动教育正引起广泛的关注，劳动教育的影响力正在逐步扩大，各教育学段都在以各种方式贯彻落实习近平总书记关于劳动教育的重要论述，探索如何构建具有本学段特色的劳动教育模式，促进学生形成正确的劳动价值观，培养德智体美劳全面发展的人才。各级各类会议提供了良好的交流平台，凝聚了共识，汇聚了智慧，开阔了思路，为促进劳动教育课程研发、教材编写、活动开展和实践基地建设等方面提供了丰富的参考和有益的启示。

5 实施推进：新时代劳动教育的实践创新

5.1 各地涌现大量创新性实践

《意见》和《纲要》的发布，为大中小学开展劳动教育的内容、形式、保障机制等方面指明了方向，为劳动教育走进课堂、贴近学生、综合协同提供了基本机制。各地区的各级各类学校纷纷行动起来，新闻媒体也纷纷报道典型做法和优秀实践，为其他学校开展劳动教育提供了有益参考。

据不完全统计，北京、山西、山东、江苏、安徽、福建、湖南、湖北、广东、河南、辽宁、四川等十余个省市的大中小学开展劳动教育实践的经验做法通过新闻媒体进行报道，通过学术刊物进行总结，引起了广泛关注。

新闻媒体方面，诸如《人民日报》、新华社、《中国教育报》、各地日报、综合门户网站、央视和地方电视台等进行了广泛报道，涉及各级各类学校。比如《两江新区 为新时代劳动教育注入"智慧因子"》①《西安工程大学多措并举开展劳动教育活动》②《江苏旅游职业

---

① 两江新区官网，http://www.liangjiang.gov.cn/content/2020－12/28/content_10105712.htm。

② 网易网，https://www.163.com/dy/article/FUU5B2BB0534A4S8.html。

学院探索"五融五促"劳动教育模式》[①] 等触发百度搜索指数的新闻，以及《"三好"评选变"五好"教育评价新探索》[②] 引起广泛关注的央视报道。

学术刊物方面，《人民教育》杂志的《2020中国基础教育典型案例》中，专门报道浙江富阳、河南郑州、江苏常州三地关于劳动教育的实践做法。《劳动教育评论》开辟案例交流专栏，分别报道重庆市中心小学、郑州高新区艾瑞德国际学校、池州学院、中国劳动关系学院等学校的劳动教育做法。

一些地方教育主管部门也迅速行动起来。比如，山东省潍坊市教育部门通过官方网站、微信、微博"一站两微"的平台，在"潍坊市中小学校劳动教育系列典型案例"的系列报道中，集中推介了全市中小学在劳动教育开展工作中的先进经验、做法。据统计，该地区2020年度发布关于"劳动教育"文章共56篇，在市级教育部门中，无论数量还是内容范围都表现突出。北京市丰台区（公众号：北京市丰台区劳动技术教育中心）、上海市黄浦区（公众号：上海市黄浦区劳动技术教育中心）、四川省成都市金牛区（公众号：金牛区学生劳动教育中心）等政府单位也在微信公众平台通过创办"打卡金牛'劳动教育地标'"等系列活动，推介本地区劳动教育开展情况。

5.2　劳动教育教材建设情况

教材是制约课程实施的一个重要因素，是开展劳动教育教学的重

[①] 中国教育在线，https：//www.eol.cn/jiangsu/jszy/202012/t20201228＿2063468.shtml。

[②] 央视网，http：//m.news.cctv.com/2020/12/04/ARTIcZZS3LOHknidPbXIXpTu201204.shtml。

要依托。目前，国家尚未出台关于大中小学劳动教育教材管理、评审、出版等环节的相关指导意见，但是这并没有影响各地各单位结合理论研究成果和实际情况踊跃出版相关教材的积极性，2020 年出版了多部有关高等教育、职业教育和中小学教育相关的教材。

据不完全统计，全国教育大会后，截至 2020 年 2 月底，各地出版的中小学劳动教育教材有十余套，出版单位包括人民教育出版社、河南科学技术出版社、浙江教育出版社和上海科技教育出版社等；职业院校劳动教育教材十余本，出版单位包括高等教育出版社、中国人民大学出版社、电子工业出版社、航空工业出版社、重庆出版社等；普通高等教育劳动教育教材近 20 本，出版单位包括高等教育出版社、厦门大学出版社、上海交通大学出版社、同济大学出版社等。具体情况见表 5 - 1。

表 5 - 1　全国教育大会后劳动教育教材出版情况一览

序号	书　名	作者	出版社	出版时间	类型
1	《新时代高校劳动教育论纲》	刘向兵	社会科学文献出版社	2019 年 2 月	高等教育
2	《劳动的快乐》	米家文化	浙江教育出版社	2019 年 4 月	基础教育
3	《劳动》（全五册）	张蕊	上海教育出版社	2019 年 4 月	基础教育
4	《美好生活劳动创》	教育部关工委课堂内外杂志社	重庆出版社	2019 年 9 月	基础教育
5	《大学生劳动教育理论与实践教程》	何卫华	厦门大学出版社	2019 年 9 月	高等教育
6	《劳动实践活动课程的开发与运作》	李文峰	暨南大学出版社	2019 年 12 月	基础教育
7	《劳动创造美好生活》	檀传宝	中国劳动社会保障出版社	2020 年 1 月	基础教育

续表

序号	书 名	作者	出版社	出版时间	类型
8	《劳动教育读本》（小学低年级版、小学高年级版、中学版）	徐长发	人民日报出版社	2020 年 4 月	基础教育
9	《劳动教育（实验）》（小学至高中共 21 册）	青岛市教育科学研究院	北京师范大学出版社	2020 年 4 月	基础教育
10	《新时代劳动教育教程》	袁国、徐颖 张功	航空工业出版社	2020 年 5 月	高等教育
11	《新时代劳动教育教程（通用版）》	袁国、徐颖 张功	航空工业出版社	2020 年 5 月	高等教育
12	《中小学劳动技术单元教学设计指南》	上海市教育委员会教学研究室	人民教育出版社	2020 年 6 月	基础教育
13	《劳动教育理论与实践教程》	周万才、周丽姐、王潇伟	上海交通大学出版社	2020 年 7 月	高等教育
14	《劳动技术》（高一、高二）	编写组	上海教育出版社	2020 年 7 月	基础教育
15	《隋桂凤与新劳动教育》	隋桂凤	北京师范大学出版社	2020 年 7 月	基础教育
16	《新时代劳动教育教程（中职版）》	洪应党、朱浩、向米玲	航空工业出版社	2020 年 7 月	职业教育
17	《劳动创造美好生活：新时代劳动教育教程》	张文胜、彭勇军、柴全喜	江苏大学出版社	2020 年 7 月	高等教育
18	《大学生劳动教育》	陈国维	高等教育出版社	2020 年 8 月	高等教育
19	《劳动教育》	徐国庆	高等教育出版社	2020 年 8 月	高等教育

续表

序号	书 名	作者	出版社	出版时间	类型
20	《劳动教育专题理论与实践》	高海英、李富全、李学明	东北师范大学出版社	2020 年 8 月	职业教育
21	《高职学生劳动教育》	吕红、喻永均、王忠	重庆出版社	2020 年 8 月	职业教育
22	《中职学生劳动教育》	谢红、杨昌义	重庆出版社	2020 年 8 月	职业教育
23	《劳动实务》	安鸿章	北京理工大学出版社	2020 年 8 月	职业教育
24	《大学生劳动教育理论与实践教程》	大学生劳动教育理论与实践教程编写组	同济大学出版社	2020 年 8 月	高等教育
25	《劳动创造美好生活：大学生劳动教育教程》	罗敏、龙明堂、赵莉娜	中国言实出版社	2020 年 8 月	高等教育
26	《劳动通论》	刘向兵	高等教育出版社	2020 年 9 月	高等教育
27	《劳动教育箴言》	郭明义、巨晓林、高凤林	中国工人出版社	2020 年 9 月	高等教育
28	《劳动教育和职业素养训练》	王官成、徐飙	中国人民大学出版社	2020 年 9 月	职业教育
29	《劳动教育和职业素养训练》	王官成	中国人民大学出版社	2020 年 9 月	职业教育
30	《劳动教育与素质养成》	金正连	中国人民大学出版社	2020 年 9 月	职业教育
31	《劳动教育与实践》	朱忠义	北京理工大学出版社	2020 年 9 月	职业教育
32	《勤劳动，乐成长——福州市鼓楼少年劳动教育有声读本》	编写组	福建少年儿童出版社	2020 年 9 月	基础教育

续表

序号	书名	作者	出版社	出版时间	类型
33	《劳动与技术》（小学1~6年级上下册）	编写组	江苏凤凰科学技术出版社	2020年9月	基础教育
34	《劳动教育实践活动手册》	李琦、鲍鹏刘强	电子工业出版社	2020年9月	基础教育
35	《新时代大学生劳动教育教程（高职版）》	《新时代大学生劳动教育教程》编写组	华南理工大学出版社	2020年9月	职业教育
36	《劳动教育实践活动设计》	方艳丹、韦杰梅、卢民积	电子工业出版社	2020年9月	高等教育
37	《劳动教育实践活动手册》	李琦等	电子工业出版社	2020年9月	高等教育
38	《高职学生劳动教育教程》	何光明、张华敏	高等教育出版社	2020年10月	职业教育
39	《劳动教育论》	曾天山、顾建军	教育科学出版社	2020年10月	高等教育
40	《新时代大学生劳动教育》	赵鑫全、张勇	机械工业出版社	2020年11月	高等教育
41	《你不全知道的劳动世界》	檀传宝	中国劳动社会保障出版社	2020年11月	基础教育
42	《劳动与技术》（1~7年级）	河南省基础教育教学研究室	河南科学技术出版社	2020年11月	基础教育
43	《新时代劳动教育读本》	梁辉、刘良军、钟国文	中国工信出版集团、电子工业出版社	2020年11月	职业教育
44	《劳动技术》（1~8年级）	编写组	上海科技教育出版社	2020年12月	基础教育
45	《普通高等学校劳动教育教程》	周浩波	辽宁师范大学出版社	2020年12月	高等教育
46	《初次就业不迷"盲"——和谐劳动关系导读》	李珂	机械工业出版社	2021年1月	高等教育

续表

序号	书　名	作者	出版社	出版时间	类型
47	《新时代高校劳动教育通论》	孙家学、耿艳丽、邵珠平	高等教育出版社	2021 年 1 月	高等教育
48	《劳动教育读本（高职版）》	教育部职业技术教育中心研究所	高等教育出版社	2021 年 2 月	职业教育
49	《劳动教育读本（中职版）》	教育部职业技术教育中心研究所	高等教育出版社	2021 年 2 月	职业教育

中小学劳动教育教材的内容主要集中在劳动意识、劳动态度、劳动习惯、劳动常识和垃圾分类等方面。比如，萧枫、姜忠喆在吉林出版集团出版的《学生劳动素质教育》。职业院校劳动教育教材的内容主要集中在劳动精神、劳模精神、工匠精神、劳动组织、劳动法律、劳动安全、劳动实践、职业礼仪、职业道德、团队合作等方面。比如，何光明、张华敏在高等教育出版社出版的《高职学生劳动教育教程》。普通高等教育劳动教育教材的内容主要集中在劳动价值观、劳动态度、劳动心理、劳动能力、劳动文化、劳动安全、劳动经济、劳动与管理、创造性劳动等方面。比如，刘向兵在高等教育出版社出版的《劳动通论》。

中小学劳动教育体现了一定的体系性。由于中小学的教育主管部门大多为市县一级，其教材编写也与前两类不尽相同。以山西太原小店区为例，该区组织富有经验的多名社会实践与劳动相关课程的骨干教师，根据课程需要，编写了幼儿园小、中、大班，小学低、高段与初中、高中不同教材，并且将本地特有的牺汤、晋式传统刺绣等文化习俗写进了教材中。而在山东青岛，由教科院编写的劳动教育教材共有 21 册，分为小学一至六年级各上、下册，初中七、八年级各上、下册,九年级全一册以及高中一、二年级各上、下册。全套教程内容涵盖了劳动教育的方方面面,比如,小学教材中有生活自理课程、家务劳动课程、班级值日课程等,初中教材中有泥塑课程、盆栽花卉课程、职业体验课程等,高中教材中有创业策划课程、馒头制作课程等。

5.3　劳动教育课程建设情况

《意见》指出要形成具有综合性、实践性、开放性、针对性的劳动教育课程体系,根据教育目标,针对不同学段的学生特点,以日常生活劳动、生产劳动和服务性劳动为主要内容开展劳动教育。《纲要》中,对不同学段的学生提出了不同要求,并对劳动教育途径、关键环节和评价提出了较为明确的要求。

综合来看,现阶段劳动教育课程基本上符合"把劳动教育贯通大中小学各学段,贯穿家庭、学校、社会各方面"的要求,结合学生不同学习阶段、不同认知水平,充分利用本地优势和学校特点,有针对性地开展劳动教育课程。

劳动教育课程设置体现了实践性。劳动教育作为一门倡导实践的课程,在课程建设中紧紧围绕实践,设置符合学生年龄特点、以体力劳动为主、注意手脑并用、安全适度、强化实践体验的课程。例如,山东省昌乐二中组建劳动课程研发团队,在充分研究的基础上,整合劳动课程内容,一体化整体设计,形成了四大模块有效融合的劳动教育课程体系。第一个模块是课堂劳动认知与制作。主要通过课堂必修课方式开展,主要包含劳动认知课程(基本认知、劳动模范与英雄人物报告、劳动技能专家培训)、家政服务课程、手工艺制作课程及木工金工电工技术课程。第二个模块是校园劳动实践,主要通过"劳动体验日"方式实施,每学期至少保证每个学生有一整天的劳动体验。

校园劳动实践模块的实践场所集中在餐厅、校园农场等教室以外的地方，主要包含内务班务劳动体验课程、校园卫生保洁课程、校园岗位劳动体验课程、校园美化创新课程、餐厅综合服务课程及校内农场种植课程。第三个模块是家庭劳动体验。包含寒假的"今周我当家"课程及周末家务劳动课程，旨在通过寒假和周末的时间，让学生承担家务劳动，进而学会承担家庭责任。第四个模块是社会劳动参与。社会劳动参与模块主要让学生在暑期一周的时间，通过社区志愿者服务课程、现代企业岗位体验课程以及为期一周的新农村劳动体验课程，在合适劳动岗位上体悟劳动，关注民生社会。

劳动教育课程设置体现了社会性。劳动教育的直接目的是为学生未来走向社会提供锻炼机会、积累工作经验。设置劳动教育课程也要紧紧围绕这一特点，根据学生未来接触社会时候面临的实际情况设置能够提高不同生存技能、生产技能、服务技能的课程，给学生足够的选择空间，使学生在劳动中保持新鲜度和社会贴合度。例如，北京市昌平职业学校成立昌平区中小学劳动教育课程服务中心。一方面，创建"劳动六艺"课程模型，树立大劳动教育观。积极整合资源优势，发挥校企协同育人功能，创建"劳动六艺"课程模型。以"食、礼、传、耕、创、数"六方面为抓手，覆盖生产劳动、生活劳动、服务性劳动、创造性劳动等内容。另一方面，注重资源建设，构建"1 + 1"劳动教育课堂教学模型。在以课程为载体实施劳动教育的过程中，不断开展教学模式和课例研究，初步形成了"1 + 1"的课堂教学模型，即1项专业技能 + 1个职业体验。将劳动教育与职业体验进行有机融合，学生在专业技能学习的同时，对职业习惯进行渗透和强化，培养学生的职业兴趣和劳动习惯，渗透精益求精的工匠精神。

劳动教育课程设置体现了评价性。劳动教育教学要求和教学地点的变化带来了教学评价的不同。各地在评价劳动教育课程时没有简单以分数为唯一评价指标，而是更加注重通过课程评价提高学生参与感，更加注重正向激励和自主探索。例如，山东潍坊临朐县朐山小学在开展劳动教育课程中探索出"积分制"劳动教育评价模式。教师评价主要对劳动课堂、班级劳动任务完成情况、班级劳动效果等方面，采用听评课、定期检查、随时抽查、观摩等方式进行"积分"。学生评价采用"2325""积分制"评价模式。第一个"2"即两种评价方式：过程性评价与终结性评价。"3"即三类评价主体：教师、家长、学生。第二个"2"即两大版块评价内容：校内劳动、校外劳动。"5"即五个主要评价要素：劳动次数、劳动态度、实际操作、劳动成果、其他。依托《学生校内单次劳动实践记录评价得分表》《学生校内单次生活技能提升劳动记录评价得分表》《学生校外公益性单次劳动记录评价得分表》《学生校外单次家务劳动记录评价得分表》《学生期末劳动总评价得分表》等，既注重学生学期末参与劳动总得分的终结性评价，又关注每次劳动得分的过程性评价。一学期下来，每个学生参与劳动的多与少、劳动态度的优与劣、劳动效果的好与差等，一清二楚，一目了然，可记录、可追溯、可视化。山东郓城县侯咽集镇黄岗小学学生可凭借参与劳动教育课程获得的"田园劳动币"在"劳动集市"上购买从学校劳动基地和学校果园里收获的粮食、花生、红枣、地瓜等，让孩子们通过赶集，获得为家人做粥的食材，然后，把这些食材拿回家亲自为家人做粥吃。

5.4　劳动教育教学科研机构建设情况

《纲要》中指出鼓励高等学校依托有关专业机构开展劳动教育教学研究，地方教育行政部门鼓励和支持相关机构设立劳动教育研究项目。全国各高校、地方部门积极响应这一号召，成立了一批劳动教育

（研究）中心，在劳动教育理论研究、劳动教育教学等方面充分发挥了独特优势。

高等院校方面，中国劳动关系学院于 2020 年正式成立劳动教育中心，创办了《劳动教育评论》期刊，启动全国首届"劳动教育管理"研究生（公共管理硕士）项目，形成了一系列研究成果和前沿理论。西南大学以教育学一级学科为依托，设立了教育学部院管学术机构"西南大学劳动教育研究院"，承担科研项目，开展科学研究。山东财经大学成立劳动教育委员会，全面负责学校劳动教育教学工作，统筹学校劳动教育教学工作规划、部署。上海应用技术大学成立上海应用技术大学德育研究中心，探索在构建应用型高校劳动教育体系过程中，培育学生正确的劳动"价值观"，建设劳动教育"课程群"，开展劳动教育"实践系"，打造劳动教育"共同体"，把单一窄化的体力劳动升华为具有思想性和创新精神的劳动。中国劳动关系学院与中国教育科学研究院共同倡议，发起成立"中国大中小学劳动教育联盟"，进一步克服当前劳动教育推进实施中分散性、碎片化、大中小学混同化等问题，着力探索大中小学劳动教育协同推进的课程体系、实施体系和评价体系。武汉轻工大学成立湖北省高校首个以"劳动教育"为主题的辅导员工作室——"健行"辅导员工作室。华中师范大学成立"中小学劳动教育专家指导组"，旨在为中小学劳动教育提供专业化系统指导。保定学院教师教育学院成立"新时代劳动教育课程研创工作室"，目的是研创劳动教育课程，培养劳动教育师资。

职业院校方面，2018 年 12 月，由教育部职业院校文化素质教育指导委员会、工业和信息化部工业文化发展中心联合主办，教育部职业院校文化素质教育指导委员会校园文化建设专门委员会、重庆工业职业技术学院共同组建了全国职业院校劳动教育研究院，重庆工业职业技术学院、北京市商业学校等 36 家职业院校被确定为全国职业院校劳动教育研究院下属的首批劳动教育研究中心。2019 年，昌平区委教育工委与北京市昌平职业学校成立昌平区中小学劳动教育课程服务中心，深入开展劳动教育与生涯教育融合研究与地方课程研发，支持本区域中小学课程实施与推广工作，搭建本区域中小学劳动教育课程大数据中心，组织开展教师培训。2020 年 12 月，河北省成立全省学校劳动教育教学指导委员会，河北女子职业技术学院为秘书处所在单位。总体上，自 2018 年全国教育大会以来，职业院校劳动教育研究工作开展得如火如荼。

中小学方面，虽然中小学校数量庞大，分布分散，但在劳动教育课程研究方面也有所动作。2019 年 4 月，浙江省杭州市富阳区成立"新时代劳动教育研究院"。2020 年 7 月，西安市成立劳动教育实践研究中心。

此外，还有少量已有的直属于教育主管部门的事业单位，例如深圳市福田区劳动技术教育中心、上海市黄浦区劳动技术教育中心等，在劳动教育研究和实践方面起到了重要的引领作用。

5.5　劳动教育实践基地建设情况

实践基地是劳动教育开展的重要载体。《纲要》中指出要丰富和拓展劳动实践场所，利用现有综合实践基地、青少年校外活动场所、职业院校和普通高等学校劳动实践场所，建立健全开放共享机制。2020 年，全国劳动教育实践基地建设主要特点是范围普及化和建设规范化。

2020 年，我国有十余个省市挂牌成立了劳动教育实践机构，这些劳动教育活动基地在机构起步阶段更偏重于实践性和可操作性。有的是学校独立成立（比如浙江杭州富春七小、中国人民大学），有的是依托第三方社会力量组建或校企合建（比如中国劳动关系学院），供在校学生使用。这些基地大多都有完整的课程设置和完善的实践场所，有的能够根据教学需要定制活动内容和课程周期，为劳动教育开展提供了多种可供选择的内容。

一些地区建立劳动教育联盟，搭建共享平台，共享实践基地。《纲要》指出，要建立以县为主、政府统筹规划的中小学（含中等职业学校）劳动教育资源的机制。在推进劳动教育实践基地建设中，政府发挥了不可或缺的重要作用。2020年青岛中小学劳动教育高峰论坛上，青岛市中学劳动教育联盟成立。2020年7月、8月，西安市劳动教育实践研究中心分别在西安小学、航天一中挂牌成立。2020年11月，首届中国大中小学劳动教育峰会上，重庆市未成年人劳动教育联盟宣布成立。2020年12月，四川广元朝天区召开劳动教育现场会，宣布成立学校劳动教育联盟。2020年12月，成都市龙泉驿区成立区内首个区域性中小学劳动教育联盟。诸多联盟成立后，开展了丰富多彩的活动。以入选《2020中国基础教育典型案例》的浙江富阳为例，该地区自2017年组织成立新劳动教育学校联盟以来，发挥新时代劳动教育研究院的作用，积极探索新劳动教育理论与实践研究，开发突出实践性、教育性和趣味性，体现生活性、生产性和科技性的劳动教育课程体系；全区4.4万余名3~8年级学生参与"新劳动教育"实践体验活动，到农户家中同吃、同住、同劳动。

5.6　评析：实践创新仍存在短板

2020年，劳动教育的实践创新体现在推进课程建设、教材建设和基地建设等方面。特别是《意见》和《纲要》的发布，给劳动教育落地指明了方向，也按下了"快进键"。各地区、各学校立足于落实党中央和教育部要求精神，充分结合自身情况，探索出了多种劳动教育开展模式，这一成绩令人欣慰。

但是，我们仍然需要清醒地看到，劳动教育仍是"五育"中最为明显的短板。在开展实践的过程中，劳动教育面临着地域差距明显、城乡差别较大、师资力量薄弱、课程标准不统一、评价体系不科学等一系列问题。

一是区域发展不平衡。从地域来看，劳动教育开展得好的大多都是教育资源丰富的地区；从区域来看，农村学校虽然具备更多开展劳动教育的物质基础和实践经验，但发展意识明显滞后于城市学校，对劳动教育的认识水平和重视程度也明显较低；从年级来看，小学开展情况明显优于中学。特别是在高中阶段，迫于升学压力，劳动教育与体育、美育一样面临让路于"主课"的情形。

二是师资队伍不健全。劳动教育作为新兴的领域，目前大多数开设课程的学校都没有专业的劳动教育师资队伍，有的选择由辅导员、班主任兼任，有的选择由生活实践老师兼任。这些教师在讲授课程时，由于缺乏足够的理论基础和学科价值导向，容易将劳动教育"课本化、游戏化、表面化"。

三是课程体系不统一。目前，劳动教育课程选择越来越丰富，但国家相关部门和地方教育部门缺少指导意见，从课程目标、环节活动、教材审定、效果评估等方面没有足够的标准规范。特别在劳动安全风险防范与管理方面，很多地方劳动教育发展水平仅仅可以解决"有没有"，对于"安全不安全"的重大问题多是依靠教育主管部门的"行业主管责任"，并没有建立起多部门联动、岗位责任明确的风险管理体系。

6 发展展望：劳动教育深入推进 须着力解决的问题

劳动教育是德智体美劳综合育人体系的重要组成部分，与其他四育相比，劳动教育在课程、教材、师资、考核、经费投入等方面相对薄弱。持续推进劳动教育，需要尽快弥补薄弱环节，补上短板。具体而言，需要建立一支劳动教育专任教师队伍，开展适当的劳动教育评价，保障一定的经费投入，并构建劳动教育协同机制。

6.1 加强劳动教育的基础研究

自 2018 年全国教育大会以来，学界对劳动教育进行了大量的研究，研究主题不断增多，研究范围不断扩大，取得了大量共识。不过现有的大部分研究侧重于强调劳动教育的重要意义、梳理劳动教育的发展历史、指明劳动教育的发展方向等方面，对劳动、劳动观等基本概念，特别是马克思主义的劳动观、劳动价值观的研究还有待加强，对劳动教育内容和形式的研究还有待拓展，对劳动教育与其他四育关系的研究还有待深入，对学校家庭社会劳动教育协同机制的研究还有待提升，对大中小学劳动教育典型实践的研究还有待深化，对劳动教育实践基地运营、校内外劳动教育实践活动、劳动教育综合实施体系、劳动教育政策评估、学生学校与地区层面劳动教育评价体系等方面的研究还有待丰富。

以上研究主题与内容关乎持续深入开展劳动教育的理论支撑，需要教育主管部门、高校科研人员、各级各类学校的劳动教育教师共同关注，以更多的研究方法开展更深入的研究；需要教育主管部门、各级各类学校设立相关的科研项目，提供一定的科研经费，支持相关的调研活动，进行紧贴现实的经验研究，汇总梳理各方的反馈和声音，为进一步开展劳动教育提供有针对性的政策建议。

6.2 大力培养劳动教育专任教师

无论是劳动教育课程、劳动教育活动，还是劳动教育评价，均需要专门的实施者将国家的政策文件和学校的决策部署落实到具体的行动中。按照《意见》和《纲要》精神，大中小学需有专门从事劳动教育的教师，并聘请相关行业专业人士担任劳动实践指导教师，建设一支劳动教育师资队伍。一定数量的劳动教育专任教师是开展各项工作的前提和基础，专任教师的素质将决定各项劳育工作的质量和成效。

根据教育部网站的数据，截至 2019 年底，全国中小学劳动教育专任教师总数为 12.16 万人，并且这一数量与 20 年前相比相差不多。由于在校学生不增增加，中小学劳动教育生师比不断变大，目前已均超过 1000。职业院校和普通高等学校普遍没有劳动教育专任教师，劳动教育的开展主要依托于专业课教师、班主任、辅导员、团委或学工处的老师，劳动教育没有形成规范的体系和成熟的模式。根据教育部网站的数据，参照体育和美育的平均生师比，党印、曲霞测算，目前高校至少需劳动教育专任教师 3.03 万人，普通中小学至少需劳动教育专任教师 44.51 万人，扣除现有的 12.16 万中小学劳动教育专任教师后，大中小学劳动教育专任教师最小缺口为35.38万人。如果参照全国大中小学体育、美育的现有师资数量，则缺口分别为59.78万人、75.16万人。[①]

劳动教育专任教师的来源包括从现有教师队伍中抽调而来的教师、面向高校应届毕业生招聘的教师、面向社会招聘的教师等。其中最具可行性的做法是面向高校应届毕业生招聘，选聘相关专业的博士、硕士，经培训后充实到大学劳动教育专任教师队伍中；选取相关专业的本科生、专科生，经培训后充实到中小学劳动教育专任教师队伍中。当然，为使劳动教育工作长期可持续地开展，须鼓励有条件的高校尽快开设劳动教育专业，为大中小学劳动教育培养长期的后备师资。

6.3　建立劳动教育评价体系

劳动教育评价体系是衡量劳动教育效果的重要标尺，有什么样的评价指挥棒，就有什么样的办学导向、办学方式和人力物力投入力度。没有一定的评价体系，劳动教育就可能停留在喊口号层面，停留在拍照、打卡层面。在适当的评价体系的指引下，劳动教育才可能常态化，学生养成劳动习惯后，水到渠成地形成劳动意识、劳动品格和劳动精神。

劳动教育评价包括学生层面的评价、学校层面的评价和地区层面的评价等维度。学生劳动教育评价包括两方面：一是平时表现评价，需及时评价学生在各类劳动教育课程和活动中的实际表现，从行为表

---

① 党印、曲霞：《劳动教育专任教师：职责、供求与培养体系》，中国劳动关系学院劳动教育中心工作论文，2020，第6页。

现中分析学生的成长情况；二是学段综合评价，是对学生一个学年和一个学段的评价，综合评定学生的劳动素养发展状况。已有不少学者构建了一些学生评价体系，涵盖劳动观念、劳动知识与技能、劳动习惯、劳动实践等方面。不同的评价体系各有侧重，为各级各类学校提供了多样化参考。

学校和地区的劳动教育评价包括两方面：一是构建劳动素养监测档案，将学生的劳动素养监测作为各级各类学校劳动教育督导的内容；二是考核学校在劳动教育教师、劳动教育课程、校内实训场地、校外实践基地、劳动教育活动、经费、安全保障等方面的投入和效果。

6.4　保障劳动教育经费投入

劳动教育教学和实践活动的开展和劳育实践基地的建设均需要一定的经费。没有充足的经费投入，劳动教育将无法落地。各省（自治区、直辖市）需要设立劳动教育专项资金。各级各类学校需要统筹使用中央财政教育资金和自筹资金，设立劳动教育专项经费，用于劳动教育的教研、活动和实践基地建设。

各地区实行劳育经费预决算制度。每年年初，各学校劳动教育主管部门应根据年度劳动教育目标和年度管理费用开支情况，编制劳动教育专项经费预算方案。每年年底，主管部门对全年经费预算执行情况进行深入细致的检查和分析，编制决算报表，并对劳动教育经费使用、管理情况进行监督、评估，评估结果作为调整劳动教育经费预算以及核拨经费的重要依据。

各学校完善经费管理制度。各级各类学校要将劳动教育经费纳入年度经费计划，按规定统筹安排经费去向。一是资金使用有重点。劳动教育专项经费需用于开展教研活动、补充劳动教育器材、建设校内劳动实践场所和校外实践基地、开展校内外劳动教育活动、支付兼职教师和实践教师劳务报酬等方面。二是资金使用有原则。不得挤占、挪用、克扣劳动教育专项经费，确保经费真正落地，到达学校、到达劳动教育基地、到达劳动教育课题研究人员手中，真正做到劳动教育经费用于劳动教育事业。三是资金使用有计划。实行费用定项限额、包干使用、计划管理、指标控制等措施，量入为出、厉行节约。严格执行规定的开支范围和标准，杜绝不必要的开支。

6.5　构建劳动教育协同机制

深入推进劳动教育需要家庭、学校和社会的协同，大中小学各学段互相衔接。目前此类协同机制还没有建立起来，需要有条不紊地建立并完善。

家庭、学校与社会互相呼应。家庭是劳动教育的起点。家长要从小培养孩子爱劳动的习惯，鼓励孩子分担家务，掌握生活技能，尽早实现生活自理，养成爱生活、爱劳动、爱干净、爱整洁的意识和习惯。学校是劳动教育的主阵地。学校需全面开展劳动劳育，发挥劳动教育对德智体美的促进作用。一方面开设劳动课程，另一方面建立健全劳动教育实践场所。学校还须组建专业的教师团队，适当开展家校合作的劳动教育活动。社会是劳动教育的大熔炉。需要大规模宣传劳动教育的重要性，让人们熟知并了解。各类组织在各种场合投放爱劳动、尊重劳动者的公益广告，营造良好的社会氛围。条件允许的社区可以组织本社区劳模举行公益讲座，以点带面、惠及大众。政府是劳动教育的综合保障。需建立健全劳动教育政策体系，为学校开展劳动教育提供便捷的场所，加强劳动教育督导和评价。并鼓励各单位适当提高优秀劳动者的社会地位，比如优先就医、旅游景点免门票、公共场所提供优先通道等。

大中小学各学段互相衔接。在小学的最后一年，组织学生到街道和社区进行义务劳动，在劳动中锻炼吃苦耐劳的意志品质；或者做小小志愿者，走进敬老院和社会福利院，培养奉献精神；或者走进工厂企业，初步接触和职业有关的劳动知识。在初中的最后一年，校内课程加入最新的科学技术，比如无人机操作、3D 打印的使用，引导学生初步了解人工智能背景下的劳动内容。组织学生参加职业体验活动，有条件的学校可以建设自己的实训车间，初三学生可以在本校的实训车间学习一些简单的职业技能，如果本校没有条件，可进入工厂进行短期的动手实践学习。在高中的最后一年，需向学生讲解各个专业的差别，介绍不同职业的区别，以便学生了解不同职业，选择更适合自己的高考志愿。在课程之外，安排高三学生参加劳模讲座，观看大国工匠纪录片，初步在学生心中树立劳模精神和工匠精神的标杆；鼓励学生在重大疫情或者重大灾害时进行志愿服务，在保障自身安全的同时服务社会。

附　录

附录一　中共中央 国务院关于全面加强新时代大中小学劳动教育的意见

（2020年3月20日）

为构建德智体美劳全面培养的教育体系，现就加强新时代大中小学劳动教育提出如下意见。

一　充分认识新时代培养社会主义建设者和接班人对加强劳动教育的新要求

（一）重大意义。劳动教育是中国特色社会主义教育制度的重要内容，直接决定社会主义建设者和接班人的劳动精神面貌、劳动价值取向和劳动技能水平。长期以来，各地区和学校坚持教育与生产劳动相结合，在实践育人方面取得了一定成效。同时也要看到，近年来一些青少年中出现了不珍惜劳动成果、不想劳动、不会劳动的现象，劳动的独特育人价值在一定程度上被忽视，劳动教育正被淡化、弱化。对此，全党全社会必须高度重视，采取有效措施切实加强劳动教育。

（二）指导思想。以习近平新时代中国特色社会主义思想为指导，全面贯彻党的教育方针，落实全国教育大会精神，坚持立德树人，坚持培育和践行社会主义核心价值观，把劳动教育纳入人才培养全过程，贯通大中小学各学段，贯穿家庭、学校、社会各方面，与德育、智育、体育、美育相融合，紧密结合经济社会发展变化和学生生活实际，积极探索具有中国特色的劳动教育模式，创新体制机制，注重教育实效，实现知行合一，促进学生形成正确的世界观、人生观、价值观。

（三）基本原则

——把握育人导向。坚持党的领导，围绕培养担当民族复兴大任的时代新人，着力提升学生综合素质，促进学生全面发展、健康成长。把准劳动教育价值取向，引导学生树立正确的劳动观，崇尚劳动、尊重劳动，增强对劳动人民的感情，报效国家，奉献社会。

——遵循教育规律。符合学生年龄特点，以体力劳动为主，注意手脑并用、安全适度，强化实践体验，让学生亲历劳动过程，提升育人实效性。

——体现时代特征。适应科技发展和产业变革，针对劳动新形态，注重新兴技术支撑和社会服务新变化。深化产教融合，改进劳动教育方式。强化诚实合法劳动意识，培养科学精神，提高创造性劳动能力。

——强化综合实施。加强政府统筹，拓宽劳动教育途径，整合家庭、学校、社会各方面力量。家庭劳动教育要日常化，学校劳动教育要规范化，社会劳动教育要多样化，形成协同育人格局。

——坚持因地制宜。根据各地区和学校实际，结合当地在自然、经济、文化等方面条件，充分挖掘行业企业、职业院校等可利用资源，宜工则工、宜农则农，采取多种方式开展劳动教育，避免"一刀切"。

二　全面构建体现时代特征的劳动教育体系

（四）把握劳动教育基本内涵。劳动教育是国民教育体系的重要内容，是学生成长的必要途径，具有树德、增智、强体、育美的综合育人价值。实施劳动教育重点是在系统的文化知识学习之外，有目的、有计划地组织学生参加日常生活劳动、生产劳动和服务性劳动，让学生动手实践、出力流汗，接受锻炼、磨炼意志，培养学生正确劳动价值观和良好劳动品质。

（五）明确劳动教育总体目标。通过劳动教育，使学生能够理解和形成马克思主义劳动观，牢固树立劳动最光荣、劳动最崇高、劳动最伟大、劳动最美丽的观念；体会劳动创造美好生活，体认劳动不分贵贱，热爱劳动，尊重普通劳动者，培养勤俭、奋斗、创新、奉献的劳动精神；具备满足生存发展需要的基本劳动能力，形成良好劳动习惯。

（六）设置劳动教育课程。整体优化学校课程设置，将劳动教育纳入中小学国家课程方案和职业院校、普通高等学校人才培养方案，形成具有综合性、实践性、开放性、针对性的劳动教育课程体系。

根据各学段特点，在大中小学设立劳动教育必修课程，系统加强劳动教育。中小学劳动教育课每周不少于1课时，学校要对学生每天课外校外劳动时间作出规定。职业院校以实习实训课为主要载体开展劳动教育，其中劳动精神、劳模精神、工匠精神专题教育不少于16学时。普通高等学校要明确劳动教育主要依托课程，其中本科阶段不少于32学时。除劳动教育必修课程外，其他课程结合学科、专业特点，有机融入劳动教育内容。大中小学每学年设立劳动周，可在学年内或寒暑假自主安排，以集体劳动为主。高等学校也可安排劳动月，集中落实各学年劳动周要求。

根据需要编写劳动实践指导手册，明确教学目标、活动设计、工具使用、考核评价、安全保护等劳动教育要求。

（七）确定劳动教育内容要求。根据教育目标，针对不同学段、类型学生特点，以日常生活劳动、生产劳动和服务性劳动为主要内容开展劳动教育。结合产业新业态、劳动新形态，注重选择新型服务性劳动的内容。

小学低年级要注重围绕劳动意识的启蒙，让学生学习日常生活自理，感知劳动乐趣，知道人人都要劳动。小学中高年级要注重围绕卫生、劳动习惯养成，让学生做好个人清洁卫生，主动分担家务，适当参加校内外公益劳动，学会与他人合作劳动，体会到劳动光荣。初中要注重围绕增加劳动知识、技能，加强家政学习，开展社区服务，适当参加生产劳动，使学生初步养成认真负责、吃苦耐劳的品质和职业意识。普通高中要注重围绕丰富职业体验，开展服务性劳动、参加生产劳动，使学生熟练掌握一定劳动技能，理解劳动创造价值，具有劳动自立意识和主动服务他人、服务社会的情怀。中等职业学校重点是结合专业人才培养，增强学生职业荣誉感，提高职业技能水平，培育学生精益求精的工匠精神和爱岗敬业的劳动态度。高等学校要注重围绕创新创业，结合学科和专业积极开展实习实训、专业服务、社会实践、勤工助学等，重视新知识、新技术、新工艺、新方法应用，创造性地解决实际问题，使学生增强诚实劳动意识，积累职业经验，提升就业创业能力，树立正确择业观，具有到艰苦地区和行业工作的奋斗精神，懂得空谈误国、实干兴邦的深刻道理；注重培育公共服务意识，使学生具有面对重大疫情、灾害等危机主动作为的奉献精神。

（八）健全劳动素养评价制度。将劳动素养纳入学生综合素质评价体系，制定评价标准，建立激励机制，组织开展劳动技能和劳动成果展示、劳动竞赛等活动，全面客观记录课内外劳动过程和结果，加强实际劳动技能和价值体认情况的考核。建立公示、审核制度，确保记录真实可靠。把劳动素养评价结果作为衡量学生全面发展情况的重要内容，作为评优评先的重要参考和毕业依据，作为高一级学校录取的重要参考或依据。

三　广泛开展劳动教育实践活动

（九）家庭要发挥在劳动教育中的基础作用。注重抓住衣食住行等日常生活中的劳动实践机会，鼓励孩子自觉参与、自己动手，随时随地、坚持不懈进行劳动，掌握洗衣做饭等必要的家务劳动技能，每年有针对性地学会 1 至 2 项生活技能。鼓励学校（家委会）和社区等组织开展学生生活技能展示活动。学生参加家务劳动和掌握生活技能的情况要按年度记入学生综合素质档案。鼓励孩子利用节假日参加各种社会劳动。家庭要树立崇尚劳动的良好家风，家长要通过日常生活的言传身教、潜移默化，让孩子养成从小爱劳动的好习惯。

（十）学校要发挥在劳动教育中的主导作用。学校要切实承担劳动教育主体责任，明确实施机构和人员，开齐开足劳动教育课程，不得挤占、挪用劳动实践时间。明确学校劳动教育要求，着重引导学生形成马克思主义劳动观，系统学习掌握必要的劳动技能。根据学生身体发育情况，科学设计课内外劳动项目，采取灵活多样形式，激发学生劳动的内在需求和动力。统筹安排课内外时间，可采用集中与分散相结合的方式。组织实施好劳动周，小学低中年级以校园劳动为主，小学高年级和中学可适当走向社会、参与集中劳动，高等学校要组织学生走向社会、以校外劳动锻炼为主。

（十一）社会要发挥在劳动教育中的支持作用。充分利用社会各方面资源，为劳动教育提供必要保障。各级政府部门要积极协调和引导企业公司、工厂农场等组织履行社会责任，开放实践场所，支持学校组织学生参加力所能及的生产劳动、参与新型服务性劳动，使学生与普通劳动者一起经历劳动过程。鼓励高新企业为学生体验现代科技条件下劳动实践新形态、新方式提供支持。工会、共青团、妇联等群团组织以及各类公益基金会、社会福利组织要组织动员相关力量、搭建活动平台，共同支持学生深入城乡社区、福利院和公共场所等参加志愿服务，开展公益劳动，参与社区治理。

四 着力提升劳动教育支撑保障能力

（十二）多渠道拓展实践场所。大力拓展实践场所，满足各级各类学校多样化劳动实践需求。充分利用现有综合实践基地、青少年校外活动场所、职业院校和普通高等学校劳动实践场所，建立健全开放共享机制。农村地区可安排相应土地、山林、草场等作为学农实践基地，城镇地区可确认一批企事业单位和社会机构，作为学生参加生产劳动、服务性劳动的实践场所。建立以县为主、政府统筹规划配置中小学（含中等职业学校）劳动教育资源的机制。进一步完善学校建设标准，学校逐步建好配齐劳动实践教室、实训基地。高等学校要充分发挥自身专业优势和服务社会功能，建立相对稳定的实习和劳动实践基地。

（十三）多举措加强人才队伍建设。采取多种措施，建立专兼职相结合的劳动教育师资队伍。根据学校劳动教育需要，为学校配备必要的专任教师。高等学校要加强劳动教育师资培养，有条件的师范院校开设劳动教育相关专业。设立劳模工作室、技能大师工作室、荣誉教师岗位等，聘请相关行业专业人士担任劳动实践指导教师。把劳动教育纳入教师培训内容，开展全员培训，强化每位教师的劳动意识、劳动观念，提升实施劳动教育的自觉性，对承担劳动教育课程的教师进行专项培训，提高劳动教育专业化水平。建立健全劳动教育教师工作考核体系，分类完善评价标准。

（十四）健全经费投入机制。各地区要统筹中央补助资金和自有财力，多种形式筹措资金，加快建设校内劳动教育场所和校外劳动教育实践基地，加强学校劳动教育设施标准化建设，建立学校劳动教育器材、耗材补充机制。学校可按照规定统筹安排公用经费等资金开展劳动教育。可采取政府购买服务方式，吸引社会力量提供劳动教育服务。

（十五）多方面强化安全保障。各地区要建立政府负责、社会协同、有关部门共同参与的安全管控机制。建立政府、学校、家庭、社会共同参与的劳动教育风险分散机制，鼓励购买劳动教育相关保险，保障劳动教育正常开展。各学校要加强对师生的劳动安全教育，强化劳动风险意识，建立健全安全教育与管理并重的劳动安全保障体系。科学评估劳动实践活动的安全风险，认真排查、清除学生劳动实践中的各种隐患特别是辐射、疾病传染等，在场所设施选择、材料选用、工具设备和防护用品使用、活动流程等方面制定安全、科学的操作规范，强化对劳动过程每个岗位的管理，明确各方责任，防患于未然。制定劳动实践活动风险防控预案，完善应急与事故处理机制。

五　切实加强劳动教育的组织实施

（十六）加强组织领导。在党委统一领导下，各级政府要把劳动教育摆上重要议事日程，出台相关政策措施，切实解决劳动教育实施过程中的重大问题，做好督促落实。省级政府要加强劳动教育工作的统筹协调，明确市地级、县级政府及有关部门加强劳动教育的职责，推动建立全面实施劳动教育的长效机制。

（十七）强化督导检查。把劳动教育纳入教育督导体系，完善督导办法。对地方各级政府和有关部门保障劳动教育情况以及学校组织实施劳动教育情况进行督导，督导结果向社会公开，同时作为衡量区域教育质量和水平的重要指标，作为对被督导部门和学校及其主要负责人考核奖惩的依据。开展劳动教育质量监测，强化反馈和指导。

（十八）加强宣传引导。引导家长树立正确劳动观念，支持配合学校开展劳动教育。加强劳动教育科学研究，宣传推广劳动教育典型经验。积极宣传企事业单位和社会机构提供劳动教育服务的先进事迹。注重挖掘在抗疫救灾等重大事件中涌现出来的典型人物和事迹，大力宣传不畏艰难、百折不挠、敢于担当的高尚品格。鼓励和支持创作更多以歌颂普通劳动者为主题的优秀作品，大力宣传辛勤劳动、诚实劳动、创造性劳动的典型人物和事迹，弘扬劳动光荣、创造伟大的主旋律，旗帜鲜明地反对一切不劳而获、贪图享乐、崇尚暴富的错误观念，营造全社会关心和支持劳动教育的良好氛围。

附录二 大中小学劳动教育指导纲要（试行）
（教育部2020年7月7日）

为深入贯彻习近平总书记关于教育的重要论述，全面贯彻党的教育方针，落实《中共中央 国务院关于全面加强新时代大中小学劳动教育的意见》，加快构建德智体美劳全面培养的教育体系，制定本指导纲要。

一 劳动教育性质和基本理念

（一）劳动教育性质

劳动是创造物质财富和精神财富的过程，是人类特有的基本社会实践活动。劳动教育是发挥劳动的育人功能，对学生进行热爱劳动、热爱劳动人民的教育活动。当前实施劳动教育的重点是在系统的文化知识学习之外，有目的、有计划地组织学生参加日常生活劳动、生产劳动和服务性劳动，让学生动手实践、出力流汗，接受锻炼、磨炼意志，培养学生正确劳动价值观和良好劳动品质。

劳动教育是新时代党对教育的新要求，是中国特色社会主义教育制度的重要内容，是全面发展教育体系的重要组成部分，是大中小学必须开展的教育活动。它具有鲜明的思想性，必须将马克思主义劳动观贯彻始终，强调劳动是一切财富、价值的源泉，劳动者是国家的主人，一切劳动和劳动者都应该得到鼓励和尊重；倡导通过诚实劳动创造美好生活、实现人生梦想，反对一切不劳而获、崇尚暴富、贪图享乐的错误思想。具有突出的社会性，必须加强学校教育与社会生活、生产实践的直接联系，发挥劳动在个人与社会之间的纽带作用，引导学生认识社会，增强社会责任感；同时注重让学生学会分工合作，体会社会主义社会平等、和谐的新型劳动关系。具有显著的实践性，必须面向真实的生活世界和职业世界，引导学生以动手实践为主要方式，在认识世界的基础上，获得有积极意义的价值体验，学会建设世界，塑造自己，实现树德、增智、强体、育美的目的。

（二）劳动教育基本理念

1. 强化劳动观念，弘扬劳动精神。将劳动观念和劳动精神教育贯穿人才培养全过程，贯穿家庭、学校、社会各方面。注重让学生在学习和掌握基本劳动知识技能的过程中，领悟劳动的意义价值，形成勤俭、奋斗、创新、奉献的劳动精神。

2. 强调身心参与，注重手脑并用。把握劳动教育的根本特征，让学生面对真实的个人生活、生产和社会性服务任务情境，亲历实际的劳动过程，善于观察思考，注重运用所学知识解决实际问题，提高劳动质量和效率。

3. 继承优良传统，彰显时代特征。在充分发挥传统劳动、传统工艺项目育人功能的同时，紧跟科技发展和产业变革，准确把握新时代劳动工具、劳动技术、劳动形态的新变化，创新劳动教育内容、途径、方式，增强劳动教育的时代性。

4.发挥主体作用，激发创新创造。关注学生劳动过程中的体验和感悟，引导学生感受劳动的艰辛和收获的快乐，增强获得感、成就感、荣誉感。鼓励学生在学习和借鉴他人丰富经验、技艺的基础上，尝试新方法、探索新技术，打破僵化思维方式，推陈出新。

二 劳动教育目标和内容

（一）总体目标

准确把握社会主义建设者和接班人的劳动精神面貌、劳动价值取向和劳动技能水平的培养要求，全面提高学生劳动素养，使学生：

树立正确的劳动观念。正确理解劳动是人类发展和社会进步的根本力量，认识劳动创造人、劳动创造价值、创造财富、创造美好生活的道理，尊重劳动，尊重普通劳动者，牢固树立劳动最光荣、劳动最崇高、劳动最伟大、劳动最美丽的思想观念。

具有必备的劳动能力。掌握基本的劳动知识和技能，正确使用常见劳动工具，增强体力、智力和创造力，具备完成一定劳动任务所需要的设计、操作能力及团队合作能力。

培育积极的劳动精神。领会"幸福是奋斗出来的"内涵与意义，继承中华民族勤俭节约、敬业奉献的优良传统，弘扬开拓创新、砥砺奋进的时代精神。

养成良好的劳动习惯和品质。能够自觉自愿、认真负责、安全规范、坚持不懈地参与劳动，形成诚实守信、吃苦耐劳的品质。珍惜劳动成果，养成良好的消费习惯，杜绝浪费。

（二）主要内容

主要包括日常生活劳动、生产劳动和服务性劳动中的知识、技能与价值观。日常生活劳动教育立足个人生活事务处理，结合开展新时代校园爱国卫生运动，注重生活能力和良好卫生习惯培养，树立自立自强意识。生产劳动教育要让学生在工农业生产过程中直接经历物质财富的创造过程，体验从简单劳动、原始劳动向复杂劳动、创造性劳动的发展过程，学会使用工具，掌握相关技术，感受劳动创造价值，增强产品质量意识，体会平凡劳动中的伟大。服务性劳动教育让学生利用知识、技能等为他人和社会提供服务，在服务性岗位上见习实习，树立服务意识，实践服务技能；在公益劳动、志愿服务中强化社会责任感。

（三）学段要求

1. 小学

低年级：以个人生活起居为主要内容，开展劳动教育，注重培养劳动意识和劳动安全意识，使学生懂得人人都要劳动，感知劳动乐趣，爱惜劳动成果。指导学生：（1）完成个人物品整理、清洗，进行简单的家庭清扫和垃圾分类等，树立自己的事情自己做的意识，提高生活自理能力；（2）参与适当的班级集体劳动，主动维护教室内外环境卫生等，培养集体荣誉感；（3）进行简单手工制作，照顾身边的动植物，关爱生命，热爱自然。

中高年级：以校园劳动和家庭劳动为主要内容开展劳动教育，体会劳动光荣，尊重普通劳动者，初步养成热爱劳动、热爱生活的态度。指导学生：（1）参与家居清洁、收纳整理，制作简单的家常餐等，每年学会1~2项生活技能，增强生活自理能力和勤俭节约意识，培养家庭责任感；（2）参加校园卫生保洁、垃圾分类处理、绿化美化等，适当参加社区环保、公共卫生等力所能及的公益劳动，增强公共服务意识；（3）初步体验种植、养殖、手工制作等简单的生产劳动，初步学会与他人合作劳动，懂得生活用品、食品来之不易，珍惜劳动成果。

2. 初中

兼顾家政学习、校内外生产劳动、服务性劳动，安排劳动教育内容，开展职业启蒙教育，体会劳动创造美好生活，养成认真负责、吃苦耐劳的劳动品质和安全意识，增强公共服务意识和担当精神。让学生：（1）承担一定的家庭日常清洁、烹饪、家居美化等劳动，进一步培养生活自理能力和习惯，增强家庭责任意识；（2）定期开展校园包干区域保洁和美化，以及助残、敬老、扶弱等服务性劳动，初步形成对学校、社区负责任的态度和社会公德意识；（3）适当体验包括金工、木工、电工、陶艺、布艺等项目在内的劳动及传统工艺制作过程，尝试家用器具、家具、电器的简单修理，参与种植、养殖等生产活动，学习相关技术，获得初步的职业体验，形成初步的生涯规划意识。

3. 普通高中

注重围绕丰富职业体验，开展服务性劳动和生产劳动，理解劳动创造价值，接受锻炼、磨炼意志，具有劳动自立意识和主动服务他人、服务社会的情怀。指导学生：（1）持续开展日常生活劳动，增强生活自理能力，固化良好劳动习惯；（2）选择服务性岗位，经历真实的岗位工作过程，获得真切的职业体验，培养职业兴趣；积极参加大型赛事、社区建设、环境保护等公益活动、志愿服务，强化社会责任意识和奉献精神；（3）统筹劳动教育与通用技术课程相关内容，从工业、农业、现代服务业以及中华优秀传统文化特色项目中，自主选择1～2项生产劳动，经历完整的实践过程，提高创意物化能力，养成吃苦耐劳、精益求精的品质，增强生涯规划的意识和能力。

4. 职业院校

重点结合专业特点，增强职业荣誉感和责任感，提高职业劳动技能水平，培育积极向上的劳动精神和认真负责的劳动态度。组织学生：（1）持续开展日常生活劳动，自我管理生活，提高劳动自立自强的意识和能力；（2）定期开展校内外公益服务性劳动，做好校园环境秩序维护，运用专业技能为社会、为他人提供相关公益服务，培育社会公德，厚植爱国爱民的情怀；（3）依托实习实训，参与真实的生产劳动和服务性劳动，增强职业认同感和劳动自豪感，提升创意物化能力，培育不断探索、精益求精、追求卓越的工匠精神和爱岗敬业的劳动态度，坚信"三百六十行，行行出状元"，体认劳动不分贵贱，任何职业都很光荣，都能出彩。

5. 普通高等学校

强化马克思主义劳动观教育，注重围绕创新创业，结合学科专业开展生产劳动和服务性劳动，积累职业经验，培育创造性劳动能力和诚实守信的合法劳动意识。使学生：（1）掌握通用劳动科学知识，深刻理解马克思主义劳动观和社会主义劳动关系，树立正确的择业就业创业观，具有到艰苦地区和行业工作的奋斗精神；（2）巩固良好日常生活劳动习惯，自觉做好宿舍卫生保洁，独立处理个人生活事务，积极参加勤工助学活动，提高劳动自立自强能力；（3）强化服务性劳动，自觉参与教室、食堂、校园场所的卫生保洁、绿化美化和管理服务等，结合"三支一扶"、大学生志愿服务西部计划、"青年红色筑梦之旅""三下乡"等社会实践活动开展服务性劳动，强化公共服务意识和面对重大疫情、灾害等危机主动作为的奉献精神；（4）重视生产劳动锻炼，积极参加实习实训、专业服务和创新创业活动，重视新知识、新技术、新工艺、新方法的运用，提高在生产实践中发现问题和创造性解决问题的能力，在动手实践的过程中创造有价值的物化劳动成果。

三　劳动教育途径、关键环节和评价

（一）劳动教育途径

将劳动教育纳入人才培养全过程，丰富、拓展劳动教育实施途径。

1. 独立开设劳动教育必修课

在大中小学设立劳动教育必修课程。中小学劳动教育课平均每周不少于1课时，用于活动策划、技能指导、练习实践、总结交流等，与通用技术和地方课程、校本课程等有关内容进行必要统筹。职业院校开设劳动专题教育必修课，不少于16学时；主要围绕劳动精神、劳模精神、工匠精神、劳动组织、劳动安全和劳动法规等方面设计。普通高等学校要将劳动教育纳入专业人才培养方案，明确主要依托的课程，可在已有课程中专设劳动教育模块，也可专门开设劳动专题教育必修课，本科阶段不少于32学时；课程内容应加强马克思主义劳动观教育，普及与学生职业发展密切相关的通用劳动科学知识，并经历必要的实践体验。

2. 在学科专业中有机渗透劳动教育

中小学道德与法治（思想政治）、语文、历史、艺术等学科要有重点地纳入劳动创造人本身、劳动创造历史、劳动创造世界、劳动不分贵贱等马克思主义劳动观，纳入歌颂劳模、歌颂普通劳动者的选文选材，纳入阐释勤劳、节俭、艰苦奋斗等中华民族优良传统的内容，加强对学生辛勤劳动、诚实劳动、合法劳动等方面的教育。数学、科学、地理、技术、体育与健康等学科要注重培养学生劳动的科学态度、规范意识、效率观念和创新精神。

职业院校要将劳动教育全面融入公共基础课，要强化马克思主义劳动观、劳动安全、劳动法规教育。专业课在进行职业劳动知识技能教学的同时，注重培养"干一行爱一行"的敬业精神，吃苦耐劳、团结合作、严谨细致的工作态度。

普通高等学校要将劳动教育有机纳入专业教育、创新创业教育，不断深化产教融合，强化劳动锻炼要求，加强高等学校与行业骨干企业、高新企业、中小微企业紧密协同，推动人才培养模式改革。

专业类课程主要与服务学习、实习实训、科学实验、社会实践、毕业设计等相结合开展各类劳动实践,注重分析相关劳动形态发展趋势,强化劳动品质培养。在公共必修课中,要进一步强化马克思主义劳动观教育、劳动相关法律法规与政策教育。

3. 在课外校外活动中安排劳动实践

将劳动教育与学生的个人生活、校园生活和社会生活有机结合起来,丰富劳动体验,提高劳动能力,深化对劳动价值的理解。

中小学每周课外活动和家庭生活中劳动时间,小学 1 至 2 年级不少于 2 小时,其他年级不少于 3 小时;职业院校和普通高等学校要明确生活中的劳动事项和时间,纳入学生日常管理工作。

大中小学每学年设立劳动周,采用专题讲座、主题演讲、劳动技能竞赛、劳动成果展示、劳动项目实践等形式进行。小学以校内为主,小学高年级可适当安排部分校外劳动;普通中学、职业院校和普通高等学校兼顾校内外,可在学年内或寒暑假安排,以集体劳动为主,由学校组织实施。高等学校也可安排劳动月,集中落实各学年劳动周要求。

4. 在校园文化建设中强化劳动文化

学校要将劳动习惯、劳动品质的养成教育融入校园文化建设之中。要通过制定劳动公约、每日劳动常规、学期劳动任务单,采取与劳动教育有关的兴趣小组、社团等组织形式,结合植树节、学雷锋纪念日、五一劳动节、农民丰收节、志愿者日等,开展丰富的劳动主题教育活动,营造劳动光荣、创造伟大的校园文化。

要举办"劳模大讲堂""大国工匠进校园"、优秀毕业生报告会等劳动榜样人物进校园活动,组织劳动技能和劳动成果展示,综合运用讲座、宣传栏、新媒体等,广泛宣传劳动榜样人物事迹,特别是身边的普通劳动者事迹,让师生在校园里近距离接触劳动模范,聆听劳模范故事，观摩精湛技艺，感受并领悟勤勉敬业的劳动精神，争做新时代的奋斗者。

（二）劳动教育关键环节

各地和学校要注重围绕劳动教育的目标和内容要求，从提高劳动教育的效果出发，把握劳动教育任务的特点，抓住关键环节，选择适宜的劳动教育方式。

1. 讲解说明。围绕劳动为什么、是什么问题，有重点地进行讲解，让学生懂得劳动的意义和价值。加强劳动观念、劳动纪律、劳动相关法律法规的正面引导，指明轻视劳动特别是轻视普通劳动的危害，让学生明辨是非。加强劳动知识技能的讲解，让学生认清事理，掌握实践操作的基本原理、程序、规则，正确使用工具的方法和技术。讲解要与启发思考、示范、练习等结合起来。

2. 淬炼操作。围绕如何做的问题，注重示范与练习，让学生会劳动。强化规范意识，注重从最基本的程序学起，严守规则，避免主观随意。强化质量意识，注重引导学生关注细节，每个步骤、环节都要精准到位。强化专注品质，注重引导学生对操作行为的评估与监控，做到眼到手到心到，有始有终。

3. 项目实践。围绕劳动能力的培养，让学生完成真实、综合任务，经历完整劳动过程。注重劳动价值体认，引导学生从现实生活中发现需求，选择和确定劳动项目。强化规划设计意识，充分发挥学生的主动性、积极性、创造性，引导学生对项目实践进行整体构思，综合运用所学知识、技术，不断优化行动方案。强化身体力行，锤炼意志品质，敢于在困难与挑战中完成行动任务。

4. 反思交流。围绕劳动价值意义的建构，引导学生总结、交流，促进学生形成反思交流习惯。指导学生思考劳动过程和结果与社会进步、个体成长的关联，避免停留在简单的苦乐体验上。组织学生交流分享劳动的体验和收获，肯定具有积极意义的认识，纠正观念上的偏差。将反思交流与改进结合起来，使学生在劳动中获得成长。

5. **榜样激励**。围绕劳动的精神追求，树立典型，激发劳动热情。注意遴选、树立多类型榜样，不仅要有大国工匠、劳动模范，还要有身边劳动表现优异的普通劳动者和同学。指导学生从榜样的具体事迹中领悟他们的高尚精神和优良品质。明确要求学生在日常劳动实践中努力向榜样看齐。

（三）劳动教育评价

将劳动素养纳入学生综合素质评价体系。以劳动教育目标、内容要求为依据，将过程性评价和结果性评价结合起来，健全和完善学生劳动素养评价标准、程序和方法，鼓励、支持各地利用大数据、云平台、物联网等现代信息技术手段，开展劳动教育过程监测与记实评价，发挥评价的育人导向和反馈改进功能。

1. 平时表现评价

要在平时劳动教育实践活动中及时进行评价，以评价促进学生发展。要覆盖各类型劳动教育活动，明确学年劳动实践类型、次数、时间等考核要求。关注学生在劳动教育活动中的实际表现，注重从行为表现中分析把握劳动观念形成情况。以自我评价为主，辅以教师、同伴、家长、服务对象、用人单位等他评方式，指导学生进行反思改进。要指导学生如实记录劳动教育活动情况，收集整理相关制品、作品等，选择代表性的写实记录，纳入综合素质档案，作为学生学年评优评先的重要参考。

2. 学段综合评价

学段结束时，要依据学段目标和内容，结合综合素质档案分析，兼顾必修课学习和课外劳动实践，对劳动观念、劳动能力、劳动精神、劳动习惯和品质等劳动素养发展状况进行综合评定。建立诚信机制，实行写实记录抽查制度，对弄虚作假者在评优评先方面一票否决，性质严重的应依法依规严肃处理。在高中和大学开展志愿者星级认证。高中学校和高等学校要将考核结果作为毕业依据之一。推动将学段综合评价结果作为学生升学、就业的重要参考。

3. 开展学生劳动素养监测

将学生劳动素养监测纳入基础教育质量监测、职业院校教学质量评估和普通高等学校本科教学质量评估。可委托有关专业机构，定期组织开展关于学生劳动素养状况调查，注重学生劳动观念、劳动能力、劳动精神、劳动习惯和品质等的监测。发挥监测结果的示范引导、反馈改进等功能。

四 学校劳动教育的规划与实施

（一）整体规划劳动教育

学校是劳动教育的实施主体，应根据国家相关规定，结合当地和本校实际情况，对劳动教育进行整体设计、系统规划，形成劳动教育总体实施方案。方案要明确劳动教育目标内容、课时安排、主要劳动实践活动安排、劳动教育过程组织与指导及考核评价办法等。同时要基于学生的年段特征、阶段性教育要求，研究制定"学校学年（或学期）劳动教育计划"，对学年、学期劳动教育实践活动作出具体安排，特别是规划好劳动周等集中劳动，细化有关要求。使总体实施方案和学年（或学期）活动计划相互配套、衔接，形成可持续开展的劳动教育实施方案。

学校在劳动教育规划时要注意处理以下几个方面的关系：

1. 理论学习和实践锻炼的关系

理论学习和实践锻炼都是劳动教育的必要内容。理论学习重在让学生理解和掌握"劳动创造了人本身""劳动创造世界"等历史唯物主义基本理论主张以及劳动相关法律、法规、政策，作为行动的指南。实践锻炼重在将所学知识转化为真正有用的实际本领，形成良好的劳动习惯，弘扬劳动精神。规划劳动教育时，要两者兼顾，坚持以实践锻炼为主，切实保证每一个学生都有必要的劳动实践经历，不能只是口头上喊劳动、课堂上讲劳动。要通过学生实践前的计划构想、实践中的观察思考和实践后的反思交流，加深对有关思想理论、法规政策的理解，实现理论学习和实践锻炼的统一。

2. 劳动教育与其他教育活动的关系

在开足专门劳动教育必修课的同时，中小学劳动教育必修课实践环节中与综合实践活动的社会服务、设计制作、职业体验重叠部分，可整合实施。职业院校、普通高等学校劳动教育中学生生产劳动和服务性劳动可以通过专业实习、实训、创新创业等实践环节完成，日常生活劳动可以通过学生管理落实。

3. 劳动的传统形态与新形态的关系

将日常生活劳动教育贯穿大中小学始终。在安排生产劳动和服务性劳动项目时，中小学要以使用传统工具、传统工艺的劳动为主，引导学生体会劳动人民的艰辛与智慧，传承中华优秀传统文化，兼顾使用新知识、新技术、新工艺、新方法的劳动。职业院校、普通高等学校要注重结合产业新业态、劳动新形态，选择现代农业、工业、服务业项目，提升创造性劳动能力。

（二）劳动教育的组织实施

1. 实施机构和人员

学校要建立健全劳动教育组织实施的工作机制。明确主管校领导，设置机构或明确相关部门负责劳动教育的规划设计、组织协调、资源整合、师资培训、过程管理、总结评价等。

要建立专兼职相结合的劳动教育教师队伍。根据学校劳动教育需要，明确劳动教育责任人，进行劳动教育规划、组织实施、评价等，配齐劳动教育必修课教师，保持教师队伍的相对稳定性。要充分发挥教职员工特别是班主任、辅导员、导师的作用，利用少先队、共青团、党组织以及学生社团等各方面的力量，合力开展劳动教育实践活动。充分利用家长及当地人力资源，聘请相关行业专业人士担任劳动实践指导教师。

2. 劳动安全风险防范与管理

学校要把劳动安全教育与管理作为组织实施的必要内容，强化劳动安全意识，建立健全安全教育与管理并重的劳动安全保障体系。

要依据学生身心发育情况，适度安排劳动强度、时长，切实关注劳动任务及场所设施的适宜性。科学评估劳动实践活动的安全风险，认真排查、清除学生劳动实践中的各种隐患。在场所设施选择、材料选用、工具设备和防护用品使用、活动流程等方面制定安全、科学操作规范，强化劳动过程每个岗位的管理，明确各方责任，防患于未然。制定劳动实践活动风险防控预案，完善应急与事故处理机制。要特别关注劳动过程中的卫生隐患，按照疾控、卫生健康部门及行业有关规定，采取相应措施，切实保护学生的身心健康。鼓励购买劳动教育相关保险。

3. 建立协同实施机制

中小学要推动建立以学校为主导、家庭为基础、社区为依托的协同实施机制，形成共育合力。学校要通过家长会、家长学校、社区宣讲、网络媒体等途径，引导家长树立正确的劳动观；明确家长的劳动教育责任，让家长主动指导和督促孩子完成家庭、社区劳动任务；学校要与相关社会实践基地共同开发并实施劳动教育课程。

职业院校、普通高等学校要建立学校负责规划设计，行业企业社会机构主要负责业务指导，双方共同管理的劳动教育实施机制。通过建立劳模工作室、技能大师工作室，设置荣誉教师、实务导师岗位等，多渠道引入社会力量参与学校劳动教育。要联合社会力量，共建共享稳定的劳动实践基地、校外实习实训基地、各类型创新创业孵化平台，多渠道拓展劳动实践场所。

五　劳动教育条件保障与专业支持

地方教育行政部门要切实加强对劳动教育工作的组织领导，明确机构和人员承担区域推进劳动教育的职责任务，切实加强条件保障、专业支持和督导评估，整体提高大中小学劳动教育质量和水平。

（一）条件建设

1. 丰富和拓展劳动实践场所

地方教育行政部门要统筹规划和配置劳动教育实践资源，满足学校多样化劳动实践需求。充分利用现有综合实践基地、青少年校外活动场所、职业院校和普通高等学校劳动实践场所，建立健全开放共享机制，特别是充分利用职业院校实训实习场所、设施设备，为普通中小学和普通高等学校提供所需要的服务。可安排一批土地、山林、草场等作为学农实践基地，确认一批厂矿企业作为学工实践基地，认定一批城乡社区、福利院、医院、博物馆、科技馆、图书馆等事业单位、社会机构、公共场所作为服务性劳动基地。推动学校充分利用校内学习、生活有关场所，逐步建好配齐劳动技术实践教室、实训基地，丰富劳动教育资源。

2. 加强师资队伍建设

要明确劳动课教师管理要求，保障劳动课教师在绩效考核、职称评聘、评先评优、专业发展等方面与其他专任教师享受同等待遇。推动中小学、职业院校与普通高等学校建立师资交流共享机制，发挥职业院校教师的专业优势，承担普通学校劳动教育教学任务。建立劳动课教师特聘制度，为学校聘请具有实践经验的社会专业技术人员、劳动模范等担任兼职教师创造条件。

高等学校要加强劳动教育师资培养，有条件的院校开设劳动教育相关专业。把劳动教育纳入教育行政干部、校长、教师、辅导员培训内容，开展全员培训，强化劳动意识、劳动观念，提升劳动教育的自觉性。对承担劳动教育课程的教师进行专项培训，提高劳动育人意识和专业化水平。

3. 健全经费投入机制

各地要统筹中央补助资金和自有财力，多种形式筹措资金，加快建设校内劳动教育场所和校外劳动教育实践基地，加强学校劳动教育设施建设，建立学校劳动教育器材、耗材补充机制。学校可按照规定统筹安排公用经费等资金开展劳动教育，可采取政府购买服务方式，吸引社会力量提供劳动教育服务。

（二）加强专业研究和指导

1. 加强劳动教育研究与指导

在全国教育科学规划、教育部人文社会科学研究项目中支持劳动教育研究。地方教育行政部门鼓励和支持相关机构设立劳动教育研究项目。设立一批试验区或试验学校，注重开展跟踪研究、行动研究。举办论坛讲座，营造良好学术氛围。

各级中小学教研机构要配备劳动教育教研员，组织开展专题教研、区域教研、网络教研，通过协同创新、校际联动、区域推进，提高劳动教育整体实施水平。鼓励高等学校依托有关专业机构开展劳动教育教学研究。

2. 组织开展劳动教育课程资源研发

基于劳动教育教学的实际需要，省级教育行政部门明确中小学劳动实践指导手册编写要求，体现"一纲多本"，满足不同地区学校的多样化需求，负责组织审查。职业院校可组织编写劳动精神、劳模精神、工匠精神专题读本，由编写院校或委托专业机构进行审查。鼓励学校、学术团体、专业机构等收集整理反映劳动先进人物事迹和精神的影视资料，组织研发展示劳动过程、劳动安全要求的数字资源，梳理遴选来自教学一线的典型案例和鲜活经验，形成分学段、分专题的劳动教育课程资源包，促进优质资源的共享与使用。

（三）督导评估与激励

1. 加强对学校劳动教育实施情况的督查

把劳动教育纳入教育督导体系，完善督导办法。对地方各级人民政府和有关部门保障劳动教育情况进行督导。对学校劳动教育开课率、学生劳动实践组织的有序性，教学指导的针对性，保障措施的有效性等进行督查和指导。督导结果要向社会公开，作为衡量区域教育质量和水平的重要指标，作为对被督导部门和学校及其主要负责人考核奖惩的依据。

2. 建立健全劳动教育激励机制

在国家级、省级教学成果奖励中，将劳动教育教学成果纳入评奖范围，对优秀成果予以奖励。依托有关专业组织、教科研机构等开展劳动教育经验交流和成果展示活动，激发广大教师实践创新的潜能和动力。积极协调新闻媒体传播劳动光荣、创造伟大思想，大力宣传劳动教育先进学校、先进个人。

附录三　人力资源社会保障部关于加强技工院校劳动教育的实施意见
（2020年4月29日）

为贯彻落实《中共中央 国务院关于全面加强新时代大中小学劳

动教育的意见》精神，构建德智体美劳全面培养的技工教育体系，现就加强技工院校劳动教育提出以下实施意见。

一 总体要求

（一）指导思想。以习近平新时代中国特色社会主义思想为指导，全面贯彻党的教育方针，深入落实党中央、国务院关于全面加强新时代大中小学劳动教育的决策部署，坚持立德树人，坚持培育和践行社会主义核心价值观，把劳动教育融入技工院校技能人才培养全过程，贯穿家庭、学校、社会各方面，与德育、智育、体育、美育相融合，弘扬劳动光荣、技能宝贵、创造伟大的时代风尚，倡导劳动精神、劳模精神、工匠精神，注重教育实效，实现知行合一、工学一体，促进学生形成正确的世界观、人生观和价值观，坚定劳动创造美好生活的信念，践行技能成才、技能报国的理想。

（二）目标任务。结合技工教育特点，构建技工院校劳动教育体系，精准把握劳动教育基本原则和基本内涵，开展以"新时代、新青年、新技能、新梦想"为特色的技工院校劳动教育。以培养担当民族复兴大任的新时代技能人才为导向，以引导学生理解和形成马克思主义劳动观、培养劳动精神和形成良好劳动习惯为目标，以日常生活劳动、生产劳动和服务性劳动等为抓手，在技能学习和劳动实践中磨炼学生艰苦奋斗、精益求精的意志品质，引导其成长为辛勤劳动、诚实劳动、创造性劳动的高技能人才。

二 构建技工院校劳动教育体系

（三）优化劳动教育课程设置。各地要将劳动教育纳入技工院校人才培养方案，增设劳动教育公共课必修课程。及时跟进优化专业和课程设置，完善劳动教育课程体系，开足开齐劳动教育课程。依托技能大师工作室等开展技能传授，联合行业企业深度参与课程开发。积极开设选修课并用好开学第一课，邀请大国工匠、高技能人才楷模、劳动模范、世界技能大赛获奖选手、优秀校友等进校园开展讲座，发挥榜样示范和典型引路的作用。通过劳动教育引导学生树立正确劳动观，深入体会劳动创造世界、创造美好生活，提高践行工匠精神的自觉意识，练就工匠技艺，养成劳动习惯，树牢劳动最光荣、劳动最崇高、劳动最伟大、劳动最美丽的观念，培养勤俭、奋斗、创新、奉献的劳动精神。

（四）依托校企合作实习实训开展劳动教育。技工院校要充分发挥校企合作办学特色，以实习实训课为主要载体开展劳动教育，其中劳动精神、劳模精神、工匠精神专题教育不少于每学年 16 学时。深入推进校企双制、工学一体办学模式，积极开展企业新型学徒制培训，大力推广一体化课程教学改革，在实训教学中融入劳动教育内容。遵循学生成长规律和职业能力形成规律，统筹安排形式多样的实习工作，强化校企协同育人。加强与实习单位的协作，在学生实习过程中加强新知识、新技术、新工艺、新方法的使用，提高解决实际问题能力，积累职业经验。

（五）强化劳动教育时代特征。技工院校要聚焦新产业、新经济、新职业发展方向，突出"高、精、尖、缺"导向，培养急需紧缺技能人才，体现劳动教育的时代性，提高针对性。紧密结合产业经济发展方向开展劳动教育，实现产业、职业、专业与就业创业联动发展，针对劳动新形态加强新职业、新业态技能人才培养，增强学生职业荣誉感，强化技工教育就业导向。

（六）大力开展职业技能竞赛交流活动。把职业技能竞赛打造成劳动教育的重要载体，组织引导技工院校师生积极参与世界技能大赛、全国技能大赛以及各级各类职业技能竞赛活动，定期组织开展全国技工院校教师职业能力大赛和学生创业创新大赛。在相关竞赛评价指标中融入劳动教育元素，突出劳动精神导向。举办技能日、劳动周、劳动月、技能夏（冬）令营、技能成果展览、高技能人才研修交流、先进事迹报告会等技能与劳动展示交流活动，创新劳动教育方式，增强劳动教育吸引力。

（七）统筹开展校内校外劳动教育。将劳动教育融入技工院校日常教学工作，组织学生参加校园卫生保洁、绿化美化等形式多样的校内劳动，开展班务整理、勤工俭学等实践活动，提高学生劳动意识，养成良好劳动习惯。引导学生家庭发挥在劳动教育中的基础作用，利用日常生活劳动实践，使学生掌握生活技能。充分依托社会各方面资源，建立相对稳定的实习和劳动实践基地。结合实习教学安排，组织学生到企业公司、工厂农场参加力所能及的生产劳动、参与新型服务性劳动。支持学生深入城乡社区、企业事业单位等参加志愿服务、公益劳动等多种形式的社会劳动实践。

（八）加强创业创新实践。将创业创新实践课程与劳动教育课程相结合，建立健全技工院校创业培训体系，依托创业孵化基地、众创空间、网络平台开展各类创业培训。充分发挥技工院校就业指导机构、"互联网＋"等载体的作用，有条件的技工院校可开设创业训练营、创业孵化基地、创业咨询服务机构，为学生创业提供创业服务。鼓励技工院校积极参与"中国创翼"创业创新大赛、全国创业培训讲师大赛等各类创业创新比赛，支持学生创业创新。

（九）强化劳动素养考核。将劳动素养纳入技工院校学生综合素质评价体系，综合评估学生参加劳动技能和劳动成果展示、技能竞赛活动情况，记录课内外劳动过程和结果，加强实际劳动技能和价值体认情况的考核。将学生参加家务劳动和掌握生活技能的情况按年度记入学生综合素质档案。把劳动素养评价结果作为衡量学生全面发展情况的重要内容，作为评优评先的重要参考和毕业依据。

三　完善技工院校劳动教育保障机制

（十）加强师资队伍建设。建立技工院校专兼职结合的劳动教育教师队伍。将劳动教育纳入教师培训内容，开展全员培训，强化教师的劳动意识、劳动观念，提升实施劳动教育的自觉性。对承担劳动教育课程的教师进行专项培训，提高劳动教育专业化水平。鼓励开展劳动教育科学研究，组织经常性的劳动教育课程教研活动，促进劳动教育理论与实践相结合，不断丰富教学内容，优化教学方式，增强教学效果。有条件的地区和院校可组织开展劳动教育教学竞赛，提高教师能力水平。

（十一）加强劳动教育教材建设。按规定制定劳动教育课程标准，组织编写劳动教育教材。组织编写劳动实践活动指导手册，明确教学目标、实践设计、工具使用、考核评价、安全保护等劳动教育要求。推进技能人才培养标准、一体化课程规范和教材建设紧密结合，推动世界技能大赛标准和成果进教材。积极运用互联网平台推广应用数字化教学资源，体现劳动教育元素。

（十二）推动建设劳动基地。加大推动公共实训基地、高技能人才培训基地和世界技能大赛集训基地建设力度。支持各地依托技工院校建设行业或区域性实训基地，鼓励引企驻校、引校进企、校企一体等方式，吸引优质企业与学校共建共享生产性实训基地。发挥技工院校实训场地资源和紧密联系企业等优势，加强与相关政府部门、大中小学和社会组织的合作交流，积极开放实践场所，共建共享劳动教育实践基地，提升服务能力和水平。

（十三）强化劳动保护安全保障。指导技工院校加强劳动安全教育，强化劳动风险意识，建立健全安全教育与管理并重的劳动安全保障体系。科学评估劳动实践活动的安全风险，排查清除劳动实践中的隐患。强化对劳动过程每个岗位的管理，明确各方责任，防患于未然。建立实习实训场地安全应急制度，对实习实训场所专职管理人员定期开展应急处置知识学习和应急处理培训。加强学生实习实训安全技能和操作规范培训并进行考核，未通过考核的人员不得进入实习实训场所进行实训操作。制定劳动实践活动风险防控预案，完善应急与事故处理机制。

四　强化技工院校劳动教育组织实施

（十四）提高政治站位。劳动教育是中国特色社会主义教育制度的重要内容，直接决定社会主义建设者和接班人的劳动精神面貌、劳动价值取向和劳动技能水平。技工院校是培养新时代高素质技能人才的重要载体。加强技工院校劳动教育是培养德智体美劳全面发展的社会主义建设者和接班人的必要途径，是提升技工院校技能人才培养质量的重要举措。各级人力资源社会保障部门要深入学习党中央、国务院有关要求，高度重视新时代技工院校劳动教育，坚决贯彻落实部署要求，推动技工院校劳动教育工作取得实效。

（十五）加强组织领导。各地人力资源社会保障部门要在地方党委统一领导下，加强对本地区技工院校劳动教育工作的组织领导，明确负责部门，层层压实工作责任。结合本地实际研究制定实施方案，推动技工院校切实加强劳动教育。要指导技工院校抓好工作落实。学校应制定劳动教育具体实施办法，明确实施机构和人员、工作内容、方式方法等，开好课程、抓好教学、用好教材、办好活动，多措并举深入开展劳动教育。

（十六）健全经费投入机制。各级人力资源社会保障部门要协调有关部门加大经费支持力度，可采取政府购买服务方式，吸引社会力量提供劳动教育服务。学校应建立劳动教育器材、耗材补充机制，可按照规定统筹安排公用经费等资金开展劳动教育。

（十七）强化宣传引导。及时总结推广技工院校劳动教育典型经验和优秀案例。组织开展好职业教育活动周、世界青年技能日、技能中国行等活动，宣传校企合作、技能竞赛、技艺传承等成果。结合高技能人才评选表彰和职业技能大赛等工作，大力宣传劳动创造世界、技能成就未来的典型人物和事迹，弘扬劳动光荣、创造伟大的主旋律，营造全社会关心支持劳动教育的良好氛围。

附录四　共青团中央 全国少工委关于大力加强新时代学生团员、少先队员劳动教育的工作指引（2020年6月24日）

2020年3月20日，中共中央、国务院印发《关于全面加强新时代大中小学劳动教育的意见》，就探索具有中国特色的劳动教育模式作出全面部署。培养社会主义建设者和接班人是共青团、少先队的根本任务。各级共青团、少先队要把准定位、积极作为，主动对接和融入学校劳动教育整体格局，做劳动教育事业的战略配合者；要将劳动教育作为实践育人的重要领域，注重发挥团、队教育路径和优势，创新形式，务求实效；要把劳动实践作为彰显队员、团员光荣感和团员先进性的重要载体，引领带动学生广泛参加劳动，着力提升团的组织力、引领力、服务力和大局贡献度。

一　充实教育载体，引导树立正确的劳动观

共青团、少先队要聚焦育人功能，始终牢记、牢牢把握开展劳动教育工作的第一目标是为党育人，培养能够担当民族复兴大任的时代新人。要善于综合运用团、队教育载体，善于采取青少年喜闻乐见、

易于接受的方式,激发团员队员接受劳动教育的主动性和自觉性。

(一)开展队内团内劳动宣传教育。用好队会、少先队活动课等教育载体,组织少先队辅导员用具体化、形象化、儿童化的方式,开展劳动宣传教育,激励队员从小立志成长为德智体美劳全面发展的社会主义建设者和接班人。丰富队前教育、团前教育中的劳动教育内容,用马克思主义劳动观和劳动精神培养教育人。结合中学团校建设、团干部上讲台制度等,实现劳动教育与团员教育相融合。激活团支部教育功能,依托"三会两制一课"团内组织生活、主题团日活动等开展劳动教育。

(二)开展劳动主题教育。开展"五一"国际劳动节主题教育,使队员、团员充分了解节日由来和含义,以亲身劳动度过有意义的劳动节,大中学校可结合"五四"活动统筹开展。在植树节、学雷锋纪念日、世界卫生日、世界环境日、农民丰收节、国际志愿者日等重点时间节点,开展符合青少年特点、丰富多彩的劳动主题教育活动。在大中小学校广泛组织开展以劳动教育为主题的专题报告、阅读活动、征文比赛等活动。

(三)开展劳动榜样教育。邀请劳动模范、世界技能大赛和"振兴杯"大赛获奖选手、全国青年岗位能手等爱岗敬业典型、工匠精神代表等走进校园,分享成长经历、交流劳动感悟、展示技能技艺,以真实人物、鲜活事迹触动大家。邀请在抗疫救灾等重大事件中涌现出的先进典型,以及志愿服务先进典型等走进学校,激励教育队员、团员争做奉献者。通过举办宣讲会、报告会等形式,大力宣传辛勤劳动、诚实劳动、创造性劳动,以及不畏艰难、百折不挠、敢于担当的典型人物和事迹。

二 丰富实践载体,广泛组织开展劳动实践

共青团、少先队要首先把队员、团员组织起来,在学生中营造参

加劳动实践不是任务，而是体现队员、团员光荣感、彰显团员先进性的认识和氛围，吸引带动更多学生参与。要坚持分层分类，遵循教育规律，适应队员、团员年龄特点，合理定位目标、设计内容，分阶段、接力式、持续性地开展好劳动教育。

（四）小学阶段少先队员，突出劳动意识启蒙和劳动习惯养成。组织队员体验式参与校园种植或养殖，通过认领花草树木或小动物，悉心看管养护，感知劳动乐趣，体验劳动喜悦。适当组织小学中高年级队员参与校内卫生保洁、垃圾分类、校园绿化美化，学会与他人合作劳动。组织队员参加"争做新时代好队员"主题实践活动，走进科研院所、创新园区、制造企业、乡村田野，近距离观摩、适当体验实践，概念化了解各行各业劳动情况。深化开展中队"红领巾小志愿者"、"红领巾小能手"等"五小"活动，组织队员参与校内校外公益劳动、家务劳动，引导队员围绕"我为集体做什么"、"我为他人做什么"展开思考和行动。依托基层社区组织开展队员生活技能展示活动，促进劳动教育展示交流，参与推动社区建设。

（五）初中少先队员和共青团员，注重增加劳动知识和技能。组织开展家务整理、室内装饰等方面的实践活动，着力提升其参与家务能力。普遍推动成立校级志愿者组织，推动团员成为注册志愿者，组织化带领志愿者参与送温暖献爱心、生态环保、文明倡导、敬老服务等社区志愿服务活动，积极参与志愿者服务社区行动，不断培养他们的劳动荣誉感和责任感。按照学校统筹安排，可结合实际情况在农忙时节组织参加适当的农业生产劳动，组织参与工业体验等活动。

（六）高中共青团员，注重丰富职业体验。积极开展手工制作、电器维修等方面的实践活动。按照学校统筹安排，组织参与农业生产、工商业和服务业体验等劳动实践，帮助其熟练掌握一定的劳动技能，充分理解劳动创造价值。普遍推动成立校级志愿者组织，支持动员志愿者有计划有组织地开展扶贫济困、生态环保、助老助残、社区服务等各类志愿服务活动，践行奉献、友爱、互助、进步的志愿精神，增强其主动服务他人、服务社会的情怀。

（七）中等职业学校共青团员，着力提高职业技能水平。组织、动员大家参加"振兴杯"青年职业技能大赛等各类技术交流竞赛活动，切磋提升技能水平，提升职业荣誉感。支持帮助其对接适合岗位，开展实地实习见习，在实践中提升专业素养。

（八）高等学校共青团员，注重社会化能力提升和创新创造精神培养。组织大家在校期间至少参与一次"三下乡"社会实践活动，鼓励各地探索开展返家乡社会实践、向城乡社区（村）报到，引导其结合学科和专业特点参加生产劳动、开展公益服务、参与社区治理，使其在活动中接受国情教育，懂得实干创造美好生活的道理。广泛组织大家参加"挑战杯"、"创青春"等各类创新创业赛事，重视锻炼其对新知识、新技术、新工艺、新方法的应用能力。组织大家参加"扬帆计划"等就业见习实习行动，积极开展模拟面试、职场体验、职业规划等实训活动，帮助其积累职业经验，提升就业能力。鼓励应届毕业生参加大学生志愿服务西部计划、投身脱贫攻坚和乡村振兴，不断引导其树立正确就业观、择业观。普遍推动成立校级青年志愿者协会和高校志愿服务社团，鼓励高校志愿服务社团与周边社区长期结对，就近就便常态化开展志愿服务。组织支持大家在重大疫情、灾害中组建青年志愿服务队、青年突击队，在抗疫救灾中主动作为。支持高校团学组织、学生社团带领大家规范开展劳动实践活动。

三 夯实组织载体，为劳动实践提供必要保障

共青团、少先队要强化基层导向，坚持"全团大抓基层"、"全团抓学校"，主动为基层提供资源、倾斜力量、充实抓手，不断提升

基层开展劳动教育的活力和能力。要在团、队一体统筹、阶梯晋级、累进激励、有序衔接的共青团荣誉激励体系中，主动融入劳动教育因子，提升劳动教育实效。

（九）积极培养劳动教育人才队伍。推动聘任各行各业劳动模范、技能大师担任少先队校外辅导员，机制化、常态化参与少先队实践体验活动，开展学校劳动体验教育。吸纳劳动模范、技能大师参加"青年讲师团"，广泛宣传弘扬正确劳动观、就业观。组建"青年就业导师团"，重点针对在校大学生讲述奋斗故事、分享成长心得，引导其扎根基层、肯于吃苦、砥砺青春、不懈奋斗。加强少先队辅导员、团学干部劳动教育培训，提升其帮助队员、团员增强劳动意识、提高劳动素养的能力。

（十）建好用好劳动教育阵地场所。将板报、橱窗、走廊、中学团校、校史陈列室等设施，建设成劳动教育的重要宣传阵地，在校园内部营造良好的劳动教育氛围。鼓励有条件的学校开设红领巾小种植园、小养殖园、科学实验室等，设计针对性强的实践课程。推进团属青少年宫、青少年营地、"青年之家"等已有阵地设置劳动教育相关课程，配套完善硬件设施，为劳动实践活动提供支持。推动建设青年就业见习实习基地，为有需求的团员提供见习实习岗位。

（十一）建立健全团队劳动教育评价制度。推动中小学校结合构建少先队员阶梯式成长激励体系，在"红领巾奖章"争章、荣誉激励、推优入团等工作中，体现重视劳动教育的鲜明导向。研究将学生参与劳动情况纳入发展团员具体标准，在突出政治标准的基础上，积极吸纳符合条件的、在劳动实践中表现突出的先进青年成为团员。建立团员先进性发挥情况评估办法，将志愿服务等实践情况作为重要评价因子，发挥团员在劳动实践中的模范带头作用。在团员教育评议中，重视考察劳动实践情况。将劳动教育列为高校共青团第二课堂的重要内容，推动高校共青团"第二课堂成绩单"成为团员在校期间综合素质测评、评奖评优、升本推研、推优入党等的重要评价。在"优秀少先队员"、"优秀共青团员"、"优秀共青团干部"、"中国青年志愿者优秀个人"等队内团内荣誉表彰项目中，评选一定数量在劳动实践方面表现突出的优秀队员、团员，示范带动更多青少年培养劳动意识、提升劳动能力。

（十二）强化重视劳动教育安全保障。参与开展劳动安全教育，强化劳动风险意识。组织劳动实践活动前，制定好劳动实践活动风险防控预案，完善应急与事故处理机制。科学审慎评估相关劳动实践活动的安全风险，认真排查、清除劳动实践活动中的各种隐患特别是污染、辐射、疾病传染等，强化劳动过程管理。整合协调社会资源，为参与劳动教育活动者购买相关保险，保障劳动教育正常开展。

附录五　中华全国总工会关于在全面加强新时代劳动教育中充分发挥工会组织作用的指导意见（2020年7月）

为认真贯彻落实《中共中央、国务院关于全面加强新时代大中小学劳动教育的意见》（以下简称《意见》），深刻认识和准确把握在全面加强新时代劳动教育中发挥工会组织作用的重要意义和任务要求，立足工会职能定位，紧紧围绕推动强化劳动育人功能，大力弘扬劳模精神、劳动精神、工匠精神，搭建体现工会特色的劳动实践平台，推动构建体现时代特征的劳动教育体系，促进劳动最光荣、劳动最崇高、劳动最伟大、劳动最美丽的观念蔚然成风，引导广大学生充分认识劳动的价值和意义，认同劳动、热爱劳动、尊重劳动者，学会劳动、善于劳动、养成劳动习惯，掌握满足生存发展需要的基本劳动知识和劳动能力，通过辛勤劳动、诚实劳动、创造性劳动开创今后的美好生活，现结合工会工作实际，制定如下指导意见。

一　发挥工会组织宣传引导优势，推动形成重视和支持劳动教育的浓厚社会氛围

1. 充分认识重要意义。劳动教育是中国特色社会主义教育制度的重要内容，对于培养社会主义建设者和接班人具有重要战略意义。以习近平同志为核心的党中央高度重视劳动教育，习近平总书记在全国教育大会上明确提出将"劳"纳入社会主义建设者和接班人的总体要求，党中央、国务院专门印发《意见》作出顶层设计和全面部署，为全面加强新时代大中小学劳动教育提供了根本遵循和行动指南。中国工会作为中国共产党领导的职工自愿结合的工人阶级群众组织，是劳动精神和劳动观念的积极倡导者，是加强劳动教育的重要推动力量，在加强新时代劳动教育中具有独特优势。贯彻落实《意见》有关部署要求，各级工会责无旁贷、使命光荣，必须进一步充分发挥作用，在全面加强新时代劳动教育中作出新的贡献。

2. 深化"中国梦·劳动美"主题宣传教育。组建全国工会劳模宣讲团，建设劳模宣讲人才库，组织劳模和劳动教育专家学者、教师先进典型等开展形式多样的宣讲活动。广泛开展演讲比赛、职工大讲堂、主题征文、经典诵读、主题阅读、知识竞赛等，注重体现劳动教育内容和各行各业劳动者的风采，积极营造劳动光荣的社会风尚和精益求精的敬业风气。

3. 加强对劳动教育理念的宣传普及。充分发挥工人日报、中工网和各级工会报刊、网站等工会媒体作用，创新运用"两微一端"等新媒体，开设专题专栏，深入学习宣传习近平总书记关于崇尚劳动、弘扬劳动精神、加强劳动教育的重要论述和《意见》的主要精神，广泛宣传各级工会贯彻落实的具体举措，大力宣传各级工会参与支持劳动教育的先进事迹和典型经验。充分运用"两微一端"等新媒体平台，制作发布各行各业劳动者的精彩瞬间、绝技绝活等短视频，引导广大学生关注劳动、热爱劳动。

4. 引导广大职工在家庭劳动教育中发挥作用。注重引导广大职工在家庭教育中发挥言传身教的重要基础作用，树立崇尚劳动的良好家风，支持配合学校开展劳动教育，通过日常生活中潜移默化的言传身教，教育引导孩子体会劳动创造美好生活，体认劳动不分贵贱，热爱劳动，尊重普通劳动者，培养勤俭、奋斗、创新、奉献的劳动精神，养成从小爱劳动的好习惯。

5. 加大劳模和工匠人才等先进群体的宣传力度。大力宣传全国劳模、全国五一劳动奖章获得者、大国工匠、技术能手、职工职业道德标兵、最美职工等先进事迹，举办好"大国工匠年度人物""最美职工""中国梦·大国工匠篇"等大型主题宣传活动，促进形成"崇尚一技之长，不唯学历凭能力"的社会风尚和"三百六十行，行行出状元"的良好氛围。

6. 推出更多以歌颂普通劳动者为主题的优秀文艺作品。研究制定全总关于加强新时代职工文化建设的意见，发挥全总文工团等职工文艺团体作用，加强劳动主题作品创作，积极开展公益演出进校园活动。鼓励、引导和支持作家、艺术家创作更多反映当代劳动者精神风貌的优秀作品，为大中小学劳动教育课程和教材提供丰富素材。

二　发挥工会组织资源阵地优势，推动广泛开展劳动教育实践活动

7. 深化劳模和大国工匠进校园活动。与中央宣传部、教育部等部委联合开展"奋斗的我　最美的国"新时代先进人物进校园活动，坚持举办"劳模大讲堂"活动，组织劳模和大国工匠走上讲台，分享

成长历程，讲述劳动的意义、劳动的价值、劳动的快乐。推动将"劳模进校园""大国工匠进校园"活动作为大中小学生的劳动教育课程，计入课时。推动大中小学选聘劳模、大国工匠担任兼职辅导员，鼓励兼职辅导员积极参加班级劳动主题教育活动。

8. 发挥劳模和工匠人才创新工作室、工人文化宫等阵地在开展劳动教育中的重要作用。强化劳模和工匠人才创新工作室示范引领、集智创新、协同攻关、传承技能、培育精神等功能，加大对社会各方面开放交流力度，支持示范性创新工作室为开展劳动教育提供平台场所，积极探索劳模和工匠人才创新工作室参与劳动教育实践的方式。开发跟着劳模和工匠人才学技艺等视频课程。推动工人文化宫成为大中小学开展劳动教育的重要场所，加大对劳模精神、劳动精神、工匠精神以及劳模、大国工匠等先进模范人物事迹的宣传力度。

9. 积极推动劳动教育与志愿服务相结合。发挥中国志愿服务联合会职工委员会作用，引导职工面向广大学生开展具有劳动教育价值的志愿服务活动，宣传劳动安全卫生、劳动权益维护等劳动知识，增强学生劳动风险意识。推广劳模特色志愿服务，开展"劳模、大国工匠面对面"志愿服务。支持学校组织学生深入企业参加志愿服务活动，感受劳模精神，体会劳动之美。

10. 推动各级各类学校在劳动教育中发挥主导作用。学校工会组织要认真落实关于开设劳动教育课程的部署，积极配合学校开展教职工劳动教育培训特别是对承担劳动教育课程教师的专项培训，弘扬正确的劳动观，提升教师开展劳动教育的素质和能力。充分发挥教职工中劳模先进人物的示范引领作用，引导广大教职工积极探索开展劳动教育的方式方法，努力让劳模精神、劳动精神、工匠精神融入学生学习生活中。利用学校工会现有活动场所等资源为开展劳动教育创造条件。

三 发挥工会组织理论研究优势，推动提升劳动教育基础理论研究水平

11. 深化新时代劳动教育基础理论研究。围绕习近平总书记关于崇尚劳动、弘扬劳动精神、加强劳动教育的重要论述，整合研究力量，研究阐释新时代劳动教育的基本内涵、内容形式、手段载体，推动构建中国特色社会主义劳动教育理论与实践体系，深化研究新形势下体现工人阶级主人翁地位、发挥劳动者积极性主动性创造性的制度安排。

12. 推动构建劳动教育学科体系。坚持以马克思主义劳动观为指导，以劳动教育理论与实践问题为主要研究对象，加强工会劳动教育理论研究阵地和人才队伍建设，开发具有工会特色的劳动教育课程，加强理论研究成果转化运用，积极推动构建科学全面的中国特色社会主义劳动教育学科体系，为劳动教育学科建设及教育改革发展服务。

四 发挥工会组织体系机构优势，将劳动教育融入工会院校教育培训全过程

13. 工会系统纳入国民教育系列院校要高标准落实《意见》。工会系统已纳入国民教育系列的院校要率先落实《意见》要求，按照相关规定开设《劳动通论》通识必修课，系统进行马克思主义劳动观和社会主义劳动关系教育，普及学生未来职业发展必备的通用劳动科学知识。积极参与劳动课程设计、劳动技能评价等劳动教育体系建设，探索将劳动教育与思想政治理论课深度融合，运用好案例教学方式开展劳动教育。

14. 各级工会院校进一步加大工会干部劳动教育培训力度。在干部培训中增设工会参与劳动教育专题内容，充分发挥工会干部在劳动教育中的支撑作用，引导鼓励工会干部积极参与劳动教育工作。适时举办以劳动教育为主题的培训，加强对工会干部和工会院校教师的培训。编印工会系统院校劳动教育课程、工匠学院课程教材。

15. 发挥新时代工匠学院和职工学校在开展劳动教育中的特殊作用。推动有条件的地区、产业、企业布点建设工匠学院，推广全国产业工会工匠学院先进经验，在全国范围内推进实体工匠学院建设。不断丰富"技能强国"、全国产业工人学习社区等各类线上平台培训内容，打造线上线下融合的高技能人才培养平台。发挥职工学校的特色优势，开设和优化劳动教育课程，将劳模精神、劳动精神、工匠精神作为职工学校的教育特色，引导职工学校开放实训场所，作为劳动教育实践基地，承接大中小学集中开展劳动教育。通过多种方式加强工会组织劳动教育人才队伍建设。

五　切实抓好组织实施

16. 加强组织领导。各级工会要把全面加强新时代劳动教育作为一项重要任务，纳入工会整体工作安排，统筹谋划、一体部署，深入研究在全面加强新时代劳动教育中充分发挥工会组织作用的途径和方式，不断探索创新工作载体和手段，落实工作责任，抓好组织实施。

17. 强化支撑保障。加强与教育部门和大中小学等单位的沟通协调，形成工作合力，及时总结推广工作中形成的典型经验，推动相关政策措施落实落地。进一步完善经费投入机制，为在全面加强新时代劳动教育中充分发挥工会组织作用提供必要保障。

后 记

本书从策划、构思、撰写、发布到出版，历时近半年。半年来，本书作者团队围绕相关问题反复讨论，收集各类材料，确定写作框架，明确写作重点，并几易其稿，征求同行专家的意见，不断修改完善书稿。我们深知，以上反复雕琢不仅是完成一项研究的惯例做法，也是本项专题研究的必由之路，因为劳动教育在育人体系中的受重视程度在 2020 年大幅上升，因为关于劳动教育的研究在 2020 年呈现井喷态势，劳动教育的实践在 2020 年异彩纷呈，更因为梳理劳动教育的理论与实践对进一步推进劳动教育具有重要的理论和现实意义。怀着研究的热忱和对劳动教育的热爱，我们希望为中国劳动教育的发展添砖加瓦，于是有了这一份初步探索后的研究成果。

本书总监制：刘向兵、李珂。总策划：曲霞、党印。统稿：曲霞、党印。执笔：前言，曲霞；第一部分，曲霞、王春亮；第二部分，党印、杨丽娜；第三部分，曲霞、刘红梅；第四部分，党印、赵雨萌；第五部分，党印、王骁；第六部分，党印。

在本书前期准备和撰写的过程中，中国劳动关系学院劳动教育管理研究生项目 2020 级全体同学完成了资料的初步收集整理工作，他们是王骁、赵文晓、赵春杨、王春亮、李朋、李颖、张诺、张泽汉、张新晨、戴怒、杨丽娜、赵雨萌、张雨果、齐慧慧，在此向这些同学表示衷心感谢！在报告修改完善的过程中，还得到了檀传宝、周光礼、卢晓东、廖辉、柳友荣等几位教授的批评指导，一并表示由衷的感谢！

百年大计，教育为本。劳动教育具有独特的育人价值。持续推进劳动教育需要广泛深入的理论研究、政策研究和案例研究，也需要阶段性的总结梳理。劳动教育年度报告正是希望进行阶段性总结，供各方参考。虽然本书竭力涵盖 2020 年度中国劳动教育发展的主要情况，不过限于作者团队时间、精力和研究能力等，挂一漏万之处在所难免，错误不当之处，谨请各界批评指正。

图书在版编目（CIP）数据

2020 年度中国劳动教育发展报告 / 曲霞，党印主编
. -- 北京：社会科学文献出版社，2021.5
ISBN 978 - 7 -5201 -8262 -1

Ⅰ.①2… Ⅱ.①曲… ②党… Ⅲ.①劳动教育 - 发展
- 研究报告 - 中国 - 2020 Ⅳ.①G40 -015

中国版本图书馆 CIP 数据核字（2021）第 073124 号

2020 年度中国劳动教育发展报告

名誉主编 / 刘向兵 李 珂
主   编 / 曲 霞 党 印

出 版 人 / 王利民
组稿编辑 / 任文武
责任编辑 / 王玉霞
文稿编辑 / 李艳芳

出   版 / 社会科学文献出版社·城市和绿色发展分社（010）59367143
         地址：北京市北三环中路甲 29 号院华龙大厦 邮编：100029
         网址：www. ssap. com. cn
发   行 / 市场营销中心（010）59367081 59367083
印   装 / 三河市东方印刷有限公司

规   格 / 开 本：787mm × 1092mm 1/16
         印 张：7.75 字 数：99 千字
版   次 / 2021 年 5 月第 1 版 2021 年 5 月第 1 次印刷
书   号 / ISBN 978 - 7 -5201 -8262 -1
定   价 / 58.00 元